... und plötzlich riecht's nach Himmel

W0197995

Jutta Schnitzler-Forster (Hrsg.)

...und plötzlich riecht's nach Himmel

Religiöse Erlebnisräume auf Freizeiten und in Gruppen

Schwabenverlag

Alle Rechte vorbehalten
© 1995 Schwabenverlag AG, Ostfildern

Umschlag und Grafische Gestaltung: Rita Efinger-Keller
Satz: Schwabenverlag AG, Ostfildern
Herstellung: J. F. Steinkopf, Stuttgart
Printed in Germany

ISBN 3-7966-0759-4

INHALT

TEIL II
Orientierungspunkte: Ideen und Material für die Praxis

Fixpunkte

Vorwort

... und plötzlich riecht's nach Himmel. Ein Titel, der auf poetische Weise anklingen läßt, was wir mit diesem Buch wollen.

»Himmel«, darunter stellt sich jede/r etwas anderes vor, und doch ist es etwas, das geteilt, ja mitgeteilt werden kann. »Himmel«, das ist Vision, Geborgenheit, Kraftquelle. »Himmel« ist etwas Erlebbares, Sinnliches. Deshalb kann man ihn riechen, schmecken, tanzen oder fühlen.

»Himmel« ist nicht planbar, er wird überraschend geschenkt – und ist manchmal auch gleich wieder weg. Manches Himmelsgefühl wächst durch schwierige Situationen und Konflikte, und manchmal stellt es sich auch gar nicht ein.

Es geht hier nicht darum, den Erfolgsdruck Himmel zu erzeugen, sondern um die Wachsamkeit, den Moment aufzunehmen, in dem er sich ereignet. Dazu soll dieses Buch Freizeit- und GruppenleiterInnen ermutigen und ihnen Ideen an die Hand geben. Himmel, oder erweitert ausgedrückt Religion und Kirche, müssen für junge Menschen lebendig, d. h. erlebbar sein. Dazu braucht es Experimentierfelder, Phantasie, Lust und natürlich FreizeitleiterInnen, die sich selber darauf einlassen, planen, einladen und mitgestalten.

Religiöses auf Freizeiten ist unendlich vielfältig. Das vorliegende Buch dokumentiert Ideen und Erfahrungen, die auf kirchlichen Kinder- und Jugendfreizeiten gesammelt wurden. Im ersten Teil beschreiben wir wesentliche Rahmenbedingungen für Religiöses auf Freizeiten. Im zweiten Teil gibt es Praxisvorschläge, sogenannte »Orientierungspunkte«. Diese verstehen sich als Fundgrube für unterschiedliche Anlässe und Themen. Es ist notwendig, die Ideen auf die gegebenen Situationen hin abzuwandeln.

Ein herzliches Dankeschön an alle, die für dieses Buch etwas geschrieben oder zur Verfügung gestellt haben. Besonders unterstützt haben mich Dieter Barth, Leiter des BDKJ-Jugendferienwerks, Karl Walk, Leiter der Jugendbildungsstätte und des Zeltlagers Rot a. d. Rot, und Josef Wiedersatz, Jugendpfarrer in Aalen und Neresheim, die mit mir im Redaktionsteam zusammengearbeitet haben. Das bewährte Engagement von Frau Ingrid Nill hat mir bei der Texterstellung viel Zeit und Nerven erspart.

Rita Efinger-Keller hat dem Buch zeichnerisch Pfiff verliehen.

Trotz der vielen Ideen und Vorschläge: Wir bieten hier nur den Samen. Wachstum und Gedeihen sind von verschiedensten Faktoren abhängig. Manche sind zu beeinflussen, manche werden das Geplante verändern, durcheinanderbringen.

Viel Freude beim Versuch, Religiöses erlebbar zu machen.
Und, wer weiß … plötzlich riecht's nach Himmel!

Jutta Schnitzler-Forster

Zum Geleit

Wie heute Gott zur Sprache bringen – das ist vielen Seelsorgerinnen und Seelsorgern, aber auch vielen ehrenamtlichen Christinnen und Christen die entscheidende Frage in der Jugendarbeit. Diese vollzieht sich in vielen Formen, eine gewichtige ist die Freizeiten- und Zeltlagerarbeit. In ihr liegt in besonderem Maße die Chance, »Leben pur« in all seinen Dimensionen zu erfahren. Wichtig ist uns dabei, daß diese Erfahrungen ganzheitlich gedeutet werden. Sie sind keine »Konsumgüter«, auf die wir via Geld Anspruch haben, sondern sie erschließen sich nur mit dem Blickwinkel, daß »Leben erleben« Ausdruck eines Gottes ist, der leidenschaftlich das Leben der Menschen liebt und selbst als Lebendiger erfahren werden will.

Der Bund der Deutschen Katholischen Jugend und das Bischöfliche Jugendamt der Diözese Rottenburg-Stuttgart möchten mit den vorgelegten Erfahrungen und Impulsen all jene unterstützen, die Freizeitenarbeit mit diesem Ziel machen wollen. Sehr erfreut nehmen wir wahr, daß vielerorts in Gemeinden und Dekanaten Freizeitmaßnahmen geplant und durchgeführt werden. Neben den diözesanweiten Angeboten sind diese ortsnahen Maßnahmen von hoher Bedeutung, um so mehr als von deren Erlebnisfülle auch die Jugendarbeit während des gesamten Jahres vor Ort motiviert und getragen wird.

Wir danken allen, die mit Kindern und jungen Menschen zusammen »Gottes Zeit« verbringen, und wünschen uns, daß das vorliegende Buch dabei eine gute Hilfe ist.

Für die Leitung des Bundes der Deutschen Katholischen Jugend und des Bischöflichen Jugendamtes

Paul Hildebrand
Diözesanjugendseelsorger

TEIL I

Auseinandersetzungen mit dem Thema »Religiöses«

Rahmenbedingungen von Freizeiten

Dieter Barth

Im Rahmen von Freizeiten, an denen Kinder, Jugendliche und junge Erwachsene zwischen 8 und 27 Jahren teilnehmen, gibt es dem Altersspektrum entsprechend auch eine Vielzahl von unterschiedlichen Situationen, Ereignissen, Entwicklungen und Rahmenbedingungen. Keine Freizeitmaßnahme verläuft wie die andere und wird – vielleicht sogar im doppelten Sinne – zu einem einmaligen Erlebnis. Aber auch einmalige und konzeptionell unterschiedliche Maßnahmen basieren auf bestimmten Rahmenbedingungen, bringen ähnliche Erfahrungswerte hervor, machen Tendenzen sichtbar und lassen Rückschlüsse zu, die Ausgangspunkt für die Durchführung von Freizeitmaßnahmen sein können. An diesen im folgenden skizzierten Ausgangspunkten können sich die Ausrichtung und Gestaltung einer Freizeit im allgemeinen, sowie das religiöse Tun, sinnstiftende Angebote, Elemente und Formen im besonderen, orientieren, damit manch gut gemeinte Idee in diesem Bereich sich zu einem intensiven Erlebnis entfalten kann und nicht – unter Mißachtung scheinbar simpler Ausgangsbedingungen – zur Enttäuschung für die Vorbereitenden bzw. die TeilnehmerInnen werden muß.
Interesse und Offenheit bei Freizeit-TeilnehmerInnen können dennoch nicht programmiert oder gesichert werden. Berechenbarkeit wird es bei so intimen und die religiösen Gefühle bzw. Antennen ansprechenden Bereichen nie geben. Aber allein durch die Sensibilisierung auf Bedingungen und Befindlichkeiten hin kann die Bereitschaft zum Ausprobieren und Einlassen gefördert werden.

Allgemeine Rahmenbedingungen und Gegebenheiten

- So banal es auch klingt, wichtig ist es trotzdem: Jede Freizeit hat einen Anfang und ein Ende, und sie erstreckt sich über einen festgelegten Zeitraum.

- Jeder Träger einer Freizeitmaßnahme entscheidet sich für eine bestimmte Form bzw. Art der Freizeit (z.B. Zeltlager, Hausfreizeit, Radtour etc.), die jeweils bestimmte Gestaltungsmöglichkeiten eröffnet, eingrenzt oder festlegt, und somit in der Regel auch für eine bestimmte Umgebung, ein bestimmtes Land, eine bestimmte Kultur.
- Jeder Freizeitmaßnahme und jedem Freizeitteam steht ein gewisser finanzieller und materieller Handlungsspielraum zur Verfügung.
- Innerhalb eines Leitungsteams einer Freizeitmaßnahme sammeln sich unterschiedliche Persönlichkeiten mit unterschiedlichen Ansprüchen, Interessen und Fähigkeiten, die eingefordert, eingebracht oder auch ungenutzt bleiben können.
- Jede Gruppe durchläuft ihren eigenen Prozeß, der sich gerade bei einer zeitlich begrenzten Freizeitmaßnahme komprimiert und oftmals im Zeitraffer entwickelt. Dieser kann durch das Freizeitteam oder die Gruppe (je nach Alter) angestoßen, gefördert und begleitet, aber auch verhindert bzw. im Blick auf eine entsprechende Programmgestaltung übersehen werden.
- Darüber hinaus bestimmen und verändern natürlich Faktoren wie das Altersspektrum, die Geschlechtszusammensetzung, die Gruppengröße, der Kenntnisgrad innerhalb der Gruppe, die Zusammensetzung und -arbeit im Freizeitteam den Entwicklungsprozeß einer Freizeitmaßnahme.

Freizeitarten, Freizeitformen und Angebotsebenen

Der Großteil der Freizeiten findet nach wie vor auf Gemeindeebene statt. Sie bzw. der örtliche Jugendverband fungieren als Träger der Maßnahme. Nach wie vor sind Zeltlager und Hausfreizeiten die häufigste und populärste Form der Freizeitenarbeit, wobei das diesbezügliche Spektrum aufgrund unterschiedlicher Gruppengröße, Dauer, Rahmenbedingungen und Schwerpunktsetzungen durchaus als vielfältig bezeichnet werden kann.
Vielerorts hat man auch begriffen, daß Zelten allein z.B. noch kein freizeitfüllender Inhalt ist und alles andere dann von alleine läuft.
In zunehmendem Maße wagen sich Gemeinden auch explizit an den Bereich der sogenannten »Aktiv-Freizeiten« heran – entweder eigenständig (z.B. bei Radtouren und Kanu-Freizeiten) oder in Kooperation mit übergreifenden Trä-

gern von Freizeitenarbeit wie dem Jugendferienwerk des BDKJ, vor allem wenn es sich um planerisch bzw. organisatorisch aufwendigere Maßnahmen handelt (z.B. Segelfreizeiten).
Seltener, aber punktuell durchaus vorhanden sind Begegnungsfreizeiten, Sprachreisen oder Work-Camps im Zusammenhang mit konkreten Projekten im In- und Ausland.
Ein eminent wichtiges, da finanziell für alle erschwingliches Angebot präsentiert sich in Form der Stadtranderholungen, wobei vor allem dieser Bereich in letzter Zeit von erheblichen Sparmaßnahmen betroffen wurde.
Insgesamt liegt der Altersschwerpunkt auf dem Kinder- und Jugendbereich, während sich junge Erwachsene z.B. über ihre Clique oder (ehemalige) Gruppe eine gemeinsame Freizeit selbst organisieren und die Gemeinde lediglich als Träger im versicherungsrechtlichen Sinne fungiert.

Situation, Erwartungen und Motivationen von Freizeit-TeilnehmerInnen

- Freizeiten finden in den Ferien statt und sind, verglichen mit dem täglichen Leben, eine Ausnahmesituation: Die Gleichförmigkeit der Erlebnisse, der Lebenswelt und des Tagesablaufs kann sich verändern und Jugendliche für neue Erfahrungen und Anreize empfänglich machen.
- Eine sorgfältig und bewußt ausgesuchte Umgebung kann die Neugierde wecken und die Auseinandersetzung mit anderen Kulturen, Menschen und Lebensformen fördern.
- Jugendliche Freizeit-TeilnehmerInnen leben für eine begrenzte Zeit mit und in einer Gruppe von Gleichaltrigen Tag und Nacht zusammen. Dies impliziert die Chance des sozialen Lernens innerhalb eines sanktionsfreien Gestaltungsraums (z.B. die Entwicklung und Gestaltung von Gruppenregeln).
- Die Freiwilligkeit der Anmeldung bzw. Teilnahme läßt die Freizeit für ihre TeilnehmerInnen mehr zu ihrer eigenen Zeit werden. Das Nichtvorhandensein von Angst, Druck und Festgelegtsein kann die Motivation zur Mitgestaltung fördern.
- Freizeiten und Reisen bedeuten für Jugendliche eine Form der Abgrenzung von der Erwachsenenwelt, die sie erleben: Vom Fremdbestimmtsein, von Elterndominanz, Schul- oder Betriebszwängen, aufgedrängten

Zeitstrukturen, Funktionieren-Müssen und von begrenzten Räumen, die ihnen eine leistungsorientierte Gesellschaft (und manchmal auch Kirche) das Jahr über vorsetzt.

- Aus der Tatsache heraus, daß sich ohnehin viele Jugendliche die Angebote kommerzieller Reiseveranstalter nicht leisten können, ergibt sich die Chance, daß jugendliche Freizeit-TeilnehmerInnen nicht auf die Erbringung bzw. Konsumierung von bezahlten Leistungen im Sinne eines optimalen Preis-Leistungs-Verhältnisses fixiert sind.
- Während für Kinder und Jugendliche vor allem das Sich-selbst-Ausprobieren und -Erleben in Gruppen mit Gleichaltrigen von Bedeutung ist, suchen junge Erwachsene neben dem Gruppenerlebnis insbesondere auch Gesprächspartner für eine Auseinandersetzung mit ihnen wichtigen Lebensfragen.

Warum Religiöses auf Freizeiten?

Jutta Schnitzler-Forster

Erwartungen von außen

Als Freizeitenanbieter im Rahmen der kirchlichen Jugendarbeit gibt es Erwartungen an die Gestaltung der Freizeit. Eltern, vielleicht die TeilnehmerInnen und Teamer selber, Pfarrer, kirchliche MitarbeiterInnen, Gemeindemitglieder halten es für selbstverständlich und notwendig, daß bei Freizeiten das Spezifische der Kirche, das Religiöse, vorkommt.

Wir geben hier einige Aussagen wieder:

Wir erwarten glaubwürdige Menschen als BegleiterInnen, die bereits ein wenig erwachsen geworden sind, einen eigenen Standpunkt haben und versuchen, ihr Leben zu meistern.
Wir wünschen uns in Freizeiten Gemeinschaftserlebnisse und eine bewußte Gestaltung der Gemeinschaft, weil dies für uns eine ganz wichtige Grunderfahrung zur Weitergabe des Glaubens ist.
Wir erwarten Freizeitleitungen, die selbst bereit sind, über ihren Glauben und ihre Zweifel zu sprechen, und die, auch wenn es unvollständig ist, Angebote der Meditation, Impulse, Texte, Gebete, Gottesdienste in die Freizeitgruppe einbringen.
Wir erwarten auch, daß gerade in der Freizeit die Vielfalt unserer Schöpfung in der Natur und in den Kulturen der Menschen erlebt werden kann.

Edeltraud und Ulrich Ahlert, Eltern von Zeltlagerkindern

Wenn unsere Kinder mit der »Kirche« unterwegs sind, erwarten wir als Eltern vor allem für sie selber ein positives Gemeinschaftserlebnis mit Erfahrungen von Geben und Nehmen, von Annehmen und Angenommen-

Sein. Deutlicher als in »weltlichen« Freizeiten müßte positives Aufeinander-Zugehen und entsprechendes Sich-Auseinandersetzen gelebt und geübt werden können.

Inhaltlich stellen wir uns vor, daß ein offenes Reden und Reflektieren über Gott und die Welt, über persönliche Erlebnisse und Schwierigkeiten ermöglicht und gefördert wird. Einseitigkeiten und extreme Positionen mögen wir nicht: keine Frömmelei, nicht nur religiöse Themen, nicht alles gleich aufs Religiöse zurückführen oder von dort her begründen, aber auch nicht nur politische oder gesellschaftliche Fragen unter bewußtem Ausschluß religiöser Aspekte; erst recht nicht Zweigleisigkeit: morgens und abends kurz fromm, dazwischen dann ausgiebig weltlich.

Wichtig ist uns auch, daß die Jugendlichen gut gestaltete und gemeinsam vorbereitete und verantwortete Gottesdienste feiern können – und daß sie diese nicht als Pflichtveranstaltungen erleben (weil man ja schließlich auf einer kirchlichen Veranstaltung ist).

Positiv empfundene Erfahrungen von solchen Gottesdiensten sollten auch bewußt mit der Praxis und den Möglichkeiten in einer Kirchengemeinde verglichen werden.

Überhaupt sollte bei aller zugestandenen Eigenständigkeit solcher Veranstaltungen der Bezug zum Alltag der Jugendlichen nicht zu kurz kommen. Taizé- und Kirchentagsbesuche zeigen nicht selten solche Effekte, daß die jungen Menschen dort viele Dinge ganz toll finden, die dann zu Hause ganz anders oder gar nicht erfahren bzw. eigentlich auch gar nicht vermißt werden. Also: auf dem Boden der Alltagserfahrungen bleiben oder doch den Alltag nicht ganz ausschließen oder isolieren.

Das sind natürlich Idealvorstellungen. Wir erwarten nicht, daß sie jeweils immer erfüllt werden. Aber da wir danach gefragt werden, meinen wir, daß in diese Richtung gedacht und gehandelt werden sollte, wenn solche Veranstaltungen geplant und durchgeführt werden.

Gerda und Guido Deißler, Eltern von Zeltlagerkindern

Ich erwarte von den Betreuern, daß ihnen bewußt ist, daß die Freizeit eine kirchliche Veranstaltung ist. Das sollte spürbar werden an der Gestaltung der Tage (religiöser Tagesbeginn und Tagesabschluß, Tischgebete) und beim Gruppengottesdienst am Sonntag. Persönliche und allgemeine Probleme sollten zur Sprache kommen, z.B. mit Hilfe einer Geschichte. Es sollten Hilfestellungen gegeben werden, damit sich die einzelnen besser kennenlernen können, d.h. lernen, mit ihren weniger guten Seiten umzugehen. Es sollte das Bewußtsein geschaffen werden, daß jeder Mensch einmalig ist und daß er vor Gott und den anderen Menschen Ansehen hat. Es ist wichtig, den Teilnehmern Vertrauen zu vermitteln, ihnen Hoffnung zu geben aus dem Glauben an Gott. Ebenso sollen sie die christlichen Werte kennenlernen. Die Freizeitleitung muß die Betreuer in diesem Tun unterstützen, denn es erfordert viel Mut und Einsatz, mit den je eigenen Fähigkeiten den Alltag christlich zu leben.

Maria Atzmüller, jahrzehntelange Zeltlagersekretärin in Seemoos

Was erwarten wir, wenn wir auf eine von der Kirche organisierte Freizeit mitgehen? Dabei fiel uns auf, daß wir im Grunde keine großen Unterschiede zu anderen Freizeiten wünschen, d.h. also, daß es keine übertriebene »Beterei« geben soll und daß das Programm auch nicht total durch religiöse Themen bestimmt werden soll. Vor allem wollen wir neue Leute kennenlernen, die zu uns passen, und natürlich wollen wir viel Spaß und Fest! Darüber hinaus soll es auf kirchlichen Freizeiten aber möglich sein, spontan aufkommende Glaubensfragen zu besprechen, und selbstverständlich erwarten wir die Feier von lebendigen, da von uns gestalteten und auf uns angepaßten Gottesdiensten, die die Kirche für uns wieder interessant machen.

Verena (18) und Dorothee (15), Freizeitteilnehmerinnen

Ich meine, eine Freizeit kann Nichtvorhandenes im religiösen Bereich nicht einfach auffüllen. Religion hat sehr viel mit dem konkreten Leben zu tun, deshalb ist es wichtig, die Lebensvollzüge bewußt zu machen und – wenn möglich – sie tieferen Werten zuzuführen. Je nach Ort und Zeit lädt eine Freizeit ein, über menschliche Werte und den tieferen Sinn im Leben nachzudenken, darüber zu sprechen, es auszuprobieren. Es ist wichtig, die Gegebenheiten des Ortes, die Natur, seine Menschen miteinzubeziehen! So gelingt es vielleicht, dem eigenen Leben und dem Leben anderer auf die Spur zu kommen, es ins Gespräch zu bringen und mögliche weitere Spuren ausfindig zu machen.
Ganz wichtig ist es, das Miteinander und Füreinander bewußt zu praktizieren, d.h. Erreichtes und Störungen zur Sprache zu bringen. Denkbar wäre es, dem Tag eine Struktur zu geben: Beginn, Abend, zu Tisch und diese Zeiten mit einem Gedanken an Gott zu verbinden.

Josef Ebert, Pfarrer

Religiosität auf Freizeiten ist für mich mehr als das Feiern einer Messe: Religiosität beginnt in unserem Leben, in unserem Umgang miteinander.
Bei religiöser Gestaltung von Freizeiten ist mir wichtig, daß zum Ausdruck kommt, daß Glauben etwas mit meinem Leben zu tun hat. Jugendliche sollen erfahren, daß sie ihren Glauben leben und für ihn Verantwortung übernehmen können, indem sie u.a. Gebetszeiten bzw. Gottesdienste selber gestalten und feiern können/dürfen.

Ingrid Beck, Gemeindereferentin

Ich erwarte von den Gruppenleiterinnen und Gruppenleitern auf einer Freizeit auch nichts anderes als das ganze Jahr über in der Kinder- und Jugendarbeit, offen und intern in unserer Gemeinde ...
Hin und wieder ein Gebet – um deutlich zu machen, welchem Verein wir eigentlich angehören – kann gewiß nicht schaden. Auf Freizeiten bieten sich da die Mahlzeiten ja an. Eine gute Einübung in etwas, was heute auch in vielen »praktizierenden« christlichen Familien nicht mehr üblich ist. Warum nicht auch einmal ein Morgenlob oder eine Abendandacht. Hier muß von den Gruppenleiterinnen und Gruppenleitern ausgelotet werden, was für die Gruppe machbar ist. Habe ich es mit Kindern und Jugendlichen meiner kirchlichen Jugendarbeit oder der Ministrantenarbeit zu tun, oder ist diese Freizeit ein Angebot für alle?
Was Kindern und Jugendlichen (das Jahr über) fremd ist, kann und darf bei dieser Gelegenheit nicht eingetrichtert werden. Damit es auf alle Fälle nichts Aufgesetztes wird, sollten Kinder und Jugendliche in die Vorbereitung und Durchführung miteinbezogen werden. Bezüge zum alltäglichen Leben, zu Schöpfung und Natur sind dabei wichtig. Warum nicht neue Formen, wie Rollenspiel und liturgischer Tanz, einführen?
Doch bitte – es sind Ferien: also den lieben Gott nicht überstrapazieren! Nach dem Vorbild Jesu ist die beste Religionsausübung und wirkungsvollste Predigt von Gott immer noch das eigene Verhalten, der gute Umgang mit den Menschen. Kinder und Jugendliche sollten sich von Gruppenleiterinnen und Gruppenleitern ernstgenommen und angenommen wissen, aufgehoben in Gruppe und Freizeit. Wahre Leitung ist nicht Überwachung und Betreuung, sondern Mitleben: gerechtes Verhalten, liebe- und verständnisvolles Miteinander, jeden akzeptieren und sein lassen, wie er ist, Lob und Tadel, jeden fordern und fördern mit dem, was in ihm steckt ... die Freizeit

ein Stück weit als Kontrast zur Welt der Erwachsenen und zur Konsum- und Leistungsgesellschaft!?
Doch keine Angst, die Verantwortung soll keinen erdrücken. Auch ich habe schon genug Freizeiten mitgemacht, um zu wissen, daß man immer wieder an Grenzen stößt und sich vor ganz andere/neue Aufgaben gestellt sieht. Deshalb gilt: meine Gruppenleiterinnen und Gruppenleiter können zwar perfekt sein, aber sie dürfen auch Fehler machen …
Wer weiß, vielleicht wird so eine Freizeit auch zur Werbung für kirchliche Jugendarbeit und die Gemeinde!?

Markus Kohler, Pfarrer

Ich wünsche mir, daß Kinder und Jugendliche ernstgenommen werden und lernen, einander ernstzunehmen, daß sie ihre Eindrücke, Gefühle, Erlebnisse zur Sprache bringen und – wie bruchstückhaft auch immer – deuten können. Ich wünsche mir, daß sie zur Stille angeregt und angeleitet werden, in der sie einen Zugang zu sich selbst, zu anderen und zur Natur entdecken können, der ihnen sonst oft verwehrt ist; in der sie vielleicht auch etwas vom Geheimnis Gottes spüren können. Und ich wünsche mir schließlich, daß sie mit glaubwürdigen und einigermaßen kompetenten Gesprächspartnern und -partnerinnen ihre Vermutungen, Probleme, Entdeckungen, Fragen zu Kirche und Religion bereden können.

Christoph Knecht, Pastoralreferent

Diese Erwartungen von außen sollen zuerst genannt werden, nicht weil sie der wichtigste Zugang sind, aber leider oft der erste und einzige. »Wir sollten etwas Religiöses machen« (weil irgend jemand das erwartet), und »eigentlich haben wir keine Lust« (weil wir nicht so recht wissen, wie wir es anpacken können). So ähnlich könnte man das Dilemma umschreiben, in dem sich oft ehrenamtliche Freizeitleitungen befinden.

Kinder und Jugendliche haben religiöse Fragen

Die Begegnung und Auseinandersetzung mit religiösen Fragen gehört zu unserem Leben. Kinder, Jugendliche, junge Erwachsene und Freizeitleitungen haben verschiedene und unterschiedlich intensive Erfahrungen

mit Religion gemacht und bringen sie als Teil ihres Lebens in die Freizeit mit.
Diese aufzugreifen, fortzuführen und in positive Erlebnisse umzusetzen, sind die Chancen einer Freizeit. Da die Teilnahme an Freizeiten freiwillig ist, gibt sie einen relativen Freiraum, sowohl im räumlichen Sinn (fern vom Elternhaus, Familie, Kirchengemeinde, Schule oder Arbeit) wie auch in der Unabhängigkeit von bestimmten Formen oder Traditionen. So besteht für die Gruppe und die Freizeitteams die Möglichkeit, frei von Zwängen, Ängsten und Hemmungen über Fragen der Religion, des Glaubens und nach Gott miteinander nachzudenken und zu sprechen.
Eine Riesenchance für Freizeiten: Gott einmal anders zu erleben und zu feiern als zu Hause. Aus dieser Offenheit heraus können Kinder, Jugendliche und junge Erwachsene ihrem jeweiligen Alter entsprechend Formen religiösen Tuns erfahren, sich aktiv daran beteiligen und somit ihre eigene Spiritualität entwickeln. Bei diesen Formen ist wichtig: »Du darfst dabei sein«, und nicht: »Du mußt« oder »Man sollte«. Eine gute Möglichkeit für dieses religiöse Tun ist das spontane Aufgreifen von Situationen aus der Freizeit (Gemeinschaft, Konflikte, Versöhnung ...), aus der Natur (Sonnenaufgang, Abend, Wasser ...) oder aus der momentanen Befindlichkeit der TeilnehmerInnen heraus (Ferien, neue Gruppe, Abschiednehmen – wieder in den Alltag zurückkehren). Sie werden gerne von den TeilnehmerInnen aufgegriffen und angenommen, weil Zu-sich-Kommen als eine sehr persönliche Form des Betens sie unmittelbar betrifft.

Religiöse Erlebnisse vertiefen eine Gemeinschaft

Wenn religiöse Angebote und Erfahrungen so gestaltet sind, daß sie einzelnen oder einer Gruppe gerecht werden, dann ereignet sich »Leben in Fülle«. Das eigene Erleben/die Gemeinschaft erfährt eine Vertiefung, es ist Verbundenheit, Solidarität und Nähe zu spüren. Gefühle werden lebendig. Die Atmosphäre verändert sich, sie wird dicht, kann tragen. Die Gemeinschaft hat eine neue Qualität. Die Sehnsucht nach solchen Erlebnissen ist bei jungen Menschen stark ausgeprägt. Für sie muß Raum geschaffen werden, sie müssen gut vorbereitet werden. Doch letztlich sind sie nicht machbar, sondern ereignen sich. Diese Erlebnisse sind Glaubenserfahrungen. Diesen auf Freizeiten Raum zu schaffen, das ist die Aufgabe von kirchlichen Jugendfreizeiten.

Standpunkte

Aussagen von ehrenamtlichen Freizeitleitungen

Erfragt und gesammelt von Dieter Barth und Karl Walk

»In der kirchlichen Jugendarbeit werden die ehrenamtlichen MitarbeiterInnen den unverzichtbaren Kern der Verantwortlichen bilden. [...] Jeder soll und darf seine Begabungen und Fähigkeiten seinem Alter und seiner Situation entsprechend einsetzen; jeder hat seine Aufgabe und seine Verantwortung. [...] Es kommt entscheidend darauf an, daß die Botschaft Jesu Christi den Jugendlichen in den MitarbeiterInnen der Jugendarbeit glaubwürdig begegnet« (Diözesansynode Rottenburg-Stuttgart, 1985/86, Teil IV: Jugendarbeit). Wenn diese von der Synode formulierten Ansprüche und Erwartungen im Blick auf eine sinn-volle Freizeitenarbeit eingelöst werden sollen, dann gilt es, die vielfältigen Standpunkte, Haltungen, Meinungen, Fragen und Anfragen, Lebens- und Glaubenszeugnisse der Mitarbeiterinnen und Mitarbeiter wahr- und ernstzunehmen, sie in ihrer Sprache, ungeschminkt und ungekürzt zu dokumentieren. Die folgenden Standpunkte sind O-Töne von Freizeitleitungen, die sie namentlich oder anonym im Rahmen eines Besinnungswochenendes bzw. Vorbereitungskurses von sich gegeben haben. Die Orientierungsfragen lauteten dabei:

Welchen Stellenwert hat Religiöses für mich als MitarbeiterIn?
(Warum) Ist mir dieser Bereich (nicht) wichtig?

»Religiöses hat für mich einen großen Stellenwert, da es mir sehr oft Halt gibt, wenn ich verzweifelt bin, und mir manchmal auch den Weg zeigen kann, wenn ich nicht mehr weiter weiß. Als Mitarbeiter ist mir das deshalb wichtig, weil ich oft vor Entscheidungen stehe und nach Orientierungen suche.«

»Für mich selber hat Religion einen ziemlich hohen Stellenwert, doch ich möchte Teilnehmer nicht einfach an die Einstellungen, Meinungen und Ansichten der Kirche anpassen und ihnen ›meinen Glauben‹ aufdrängen. Deshalb finde ich es wichtig, vorher abzusprechen, inwieweit z.B. bestimmte Rituale (Tischgebete) o.k. sind. Ich möchte meinen Glauben weitergeben in möglichst unaufdringlicher Form.«

»Sehr wenig bis gar nichts.«

»Allgemein war für mich früher (von 12–15 J.) Religion ziemlich wichtig, und ich war auch in der Gemeinde als Kinderkirche-Mitarbeiterin aktiv tätig, aber ein Gottesdienst in der Kirche bringt mir weniger als z.B. die intensiven Gespräche bei der Kinderkirche-Vorbereitung, bei denen die Hintergründe usw. der Geschichten gut und genau geklärt wurden. Wahrscheinlich lag das aber auch an unserer Pfarrerin, die sehr offen und tolerant ist.

Im Moment habe ich mich ein wenig von allem Religiösem distanziert, da irgendwie relativ viele Zweifel und Kritik von meiner Seite aus bestehen und ich z. Z. ›keinen Bedarf‹ an ›normalen kirchlichen Gottesdiensten‹ habe. Doch die Meditation und Gottesdienste hier beim Kurs und beim Zeltlager sind wirklich gut!«

»Religiöses im Sinne von festen Ritualen (Tischgebete) ist mir weniger wichtig, ich suche und versuche es mehr in Form von Gemeinschaft, Meditation, nicht so an Regeln festhaltenden Gottesdiensten. Wichtig ist mir Religiöses, weil ich in einer lebendigen Kirche lebe und leben will, die auch Leuten was geben kann, die normal nichts mit der Kirche zu tun haben und auch nicht vollständig mit ihr einverstanden sind.«

»Scho! Es ist mir sehr wichtig, wenn es lebendig und lebensnah aufgezogen wird. Da bin ich auch bereit mitzuarbeiten.«

»Weil's schee isch, und i a neie bzw. mei Form von Glauba und Godi mit andere doila will!« Spirituelles Songfestival, Bibliodrama, wildes Freitrommeln im Raum, Meditationen, Fasten, Spirituelles mit und ohne geistlichen Beistand, Rumspinnen sind für mich mögliche Formen.

»Ich meine, daß religiöse Erziehung schon dann stattfindet, wenn man zusammen etwas unternimmt, Freude hat, miteinander über Probleme zu reden, versucht, andere zu verstehen, und auch weniger Sympathische miteinbezieht ...«

»Religiöses ist für mich in der Form wichtig, daß das Miteinander und Füreinander ein Hauptpunkt im christlichen Leben eines Zeltlagers ist. Ohne Einsatz füreinander und miteinander ist (christliches) Leben nicht möglich!«

»Es gibt immer wieder Momente, in denen ich selbst als Mitarbeiterin zur Ruhe kommen, auftanken und mein derzeitiges Leben betrachten will. Das ist sehr wichtig für mich, und vielleicht kann ich auch auf jemanden abfärben durch mein Verhalten. Manchmal spüre ich dabei einfach Dankbarkeit ...«

»Ich finde es schön, wenn in den zwei Wochen der Freizeit wenigstens einmal ein selbstvorbereiteter und -gestalteter Gottesdienst gefeiert wird und ab und zu Gedanken und Anregungen gegeben werden, über die Gemeinsamkeit und Gemeinschaft nachzudenken. Ich finde Religiöses wichtig, weil man sich dabei überlegen kann, wie man sich anderen gegenüber verhält und ob dieses Verhalten wohl gut oder weniger angenehm für andere ist.«

»Ich finde, daß es bei Freizeiten einen Ort, Momente geben muß, wo man zur Ruhe kommen kann, wo Zeit ist, um nachzudenken, um sich zu besinnen – wo es einfach nur Raum gibt für Stille oder irgendeinen Stopp, eine Unterbrechung ohne zuviele Impulse. Wichtig ist mir dieser Teil auch deshalb, weil durch das intensive Leben bei Freizeiten manchmal die Gefahr besteht, daß

Religiös sein? → That's it:

entstanden auf einem FreizeitleiterInnen-Kurs des BDKJ.

Christliches Handeln – mein Verhältnis zu Gott anschauen – nicht nur beten – einfach handeln – immer in Bewegung bleiben – auch mal gegen den Strom schwimmen – auch im Kleinsten/Schwächsten Schöpfung Gottes sehen – Nähe zeigen – über sich und andere nachdenken – sich auf andere verlassen können – verzeihen können – mit seinen Mitmenschen leben, nicht an ihnen vorbei – Gefühle zeigen – die Fähigkeit & der Mut, den Mund aufzumachen – sich nicht alles gefallen lassen – den eigenen Vogel nicht für den heiligen Geist halten – nicht nur ernst und steif, sondern lachen und locker sein können – Mitmenschen akzeptieren lernen – Geduld haben – staunen und entdecken – Bereitschaft, zu geben und nicht nur zu nehmen – verzichten können – meine Talente suchen und sie nicht verstecken – sich als Mensch nicht verstellen, echt sein – zufrieden sein, wenn ich mal nicht "alle Neune" treffe – eine ruhige Kugel schieben – als Jugendlicher, der glaubt, auch mal Außenseiter sein zu können

Erfolg teilen nicht lästern Gemeinschaft suchen, leben, pflegen & teilen Erfahrung von Zuwendung mich einem Menschen oder einer Gruppe öffnen / anvertrauen nachgeben zu mir und all meinen (Licht- und Schatten-) Seiten stehen lernen Orientierung haben, ohne fertig und festgelegt zu sein danken bitten schenken gewaltloser und friedlicher Umgang miteinander und der Natur Konflikte lösen feiern verlieren können Verantwortung übernehmen in mich gehen und aus mir herausgehen Türen öffnen mit offenen Augen & Ohren durch die Welt gehen über meinen Glauben reden auch mal mit dem Kopf durch die Wand gehen Jugendgottesdienste in schwierigen, aussichtslosen Situationen wieder Mut zum Weitermachen finden verschiedene Formen kennenlernen, gestalten, verändern ... d.h. versuchen, den Glauben auch "anderen" zugänglich / erlebbar zu machen Freiraum für Stille und Schweigen ich bin - so wie ich bin - von Gott geliebt und unendlich wertvoll auf meine eigene Art und Weise an Gott glauben Verständnis zueinander halten Kitzeln, provozieren, Reibefläche sein ...

man die ganze Zeit total aufgedreht ist und unter Strom steht und überhaupt nicht dazukommt, sich bewußt zu werden, wie faszinierend beispielsweise die Landschaft ist, in der man die Freizeit verbringt. Deshalb sollte zumindest die Möglichkeit bestehen, in irgendeiner Form in sich selber hineinhorchen zu können.«

»Religiöses bei Freizeiten ist mir wichtig, weil ich der Meinung bin, daß sowohl im Elternhaus als auch im Religionsunterricht zu wenig pro Kirche als Bewegung und Gemeinschaft (nicht Institution!) getan wird oder es in einer Art geschieht, die eher ins Gegenteil, also zu einer Abneigung oder zum Desinteresse führt.«

»Als Mitarbeiterin möchte ich im Rahmen einer Freizeit verschiedene Angebote machen, die unkonventionell, zugänglich, lebensnah, alters- und zeitgemäß sind. Ich weiß, daß dies ein hoher Anspruch ist, doch ich stelle ihn erst mal an mich.
Religiöse Angebote gehören für mich bei einer Freizeit auf jeden Fall dazu, aber sie nehmen nicht mehr Raum und Zeit ein wie andere Angebote auch (z.B. sportliche, handwerkliche, kreative, spielerische). Religiöse Angebote sind für mich schon etwas Besonderes, aber wenn sie zu sehr hochstilisiert werden, dann entsteht Druck, manchmal auch Leistungsdruck, und es kann schiefgehen. Platz sollte dafür auf jeden Fall eingeräumt werden, ob er auch eingenommen und angenommen wird, entscheiden die Teilnehmer und Teilnehmerinnen.«

Auf religiöse Arbeit bei Freizeiten möchte ich nicht verzichten. Sonst könnte ich mich beim nächsten Sportverein engagieren. Es macht Spaß, gemeinsam Glauben zu erleben, und wer es einmal gespürt hat, der möchte andere teilhaben lassen. Aber wie? Das geht nur mit religiöser Arbeit. Christsein heißt nicht nur, schöne Gottesdienste zu feiern, tolle Erlebnisse zu haben. Es geht auch um den Alltag, den Umgang miteinander, den täglichen Neuanfang, das tägliche Neubesinnen, den Umgang mit der Schöpfung usw. Und da wird es schwer.

Schwerpunkte

Religiöse Angebote und religiöse Erlebnisräume

Josef Wiedersatz / Reinhold Hübschle

Begriffserklärung

»Religiöses« bei Freizeiten und in der kirchlichen Jugendarbeit ist so vielfältig wie die Menschen, die in diesem Bereich etwas einbringen. Vielfach begegnet man in diesem Zusammenhang Vorstellungen, die in der heutigen Zeit mit Kindern und Jugendlichen so kaum mehr zu verwirklichen sind. Da wird Religiöses sehr eng geführt und meint: miteinander beten, singen, meditieren, Bibel lesen und Gottesdienst feiern. Schon wenn einer dieser Punkte erfüllt wird, verstummen Kritiker heutiger kirchlicher Jugendarbeit. Daß da aber oft nur seelenlose Pflichtübungen absolviert werden, das wird schnell übersehen. An diesem Punkt wird die ganze Tragik dieses Bereichs bei Freizeiten und in der kirchlichen Jugendarbeit deutlich. Das, was uns eigentlich allen so wichtig ist, wird zur Pflichtübung und zum lästigen »Muß«.
Religiöses im eigentlichen Sinn setzt viel grundsätzlicher an. Es geht nicht um oberflächliche »Kultübungen«, um irgendwelche Kritiker zu beruhigen. Religiöses, so wie ich es erlebt habe und selbst praktiziere, setzt beim Menschen selbst an. Zunächst und zuallererst bei dem, der hier etwas tun möchte.
Wer nicht selbst in seinem eigenen Glauben gefestigt ist, der wird immer Schwierigkeiten haben, diesen Glauben anderen Menschen als wertvoll nahe zu bringen. Wie oft bin ich bei Freizeiten jungen Leiterinnen und Leitern begegnet, die größte Schwierigkeiten mit Kirche und den da praktizierten Formen von Glauben und Kultformen hatten, sich aber aufgrund des kirchlichen Trägers immer zu irgendwelchen »religiösen Übungen« genötigt sahen, obwohl sie hinter ihrem eigenen Tun keinen Sinn zu entdecken vermochten. Die

Kinder und Jugendlichen, die sie auf eine solche Weise zum Glauben führen wollten, spürten »instinktiv«, daß da etwas faul war.
Im Gespräch mit diesen jungen Leiterinnen und Leitern wurde mir dann sehr deutlich, wie sehr es vor allem auf die Glaubwürdigkeit des Vermittlers ankommt, ob praktizierte religiöse Formen im engen Sinn bei den Kindern und Jugendlichen ankommen oder nicht.
Interessant war mir darüber hinaus die Feststellung, daß dieselben jungen Leiterinnen und Leiter eine sehr klare Vorstellung hatten über das, was sie den Kindern und Jugendlichen vermitteln wollten. Bei diesen Vorstellungen handelte es sich vor allem um Werte, die im Christentum einen sehr zentralen Platz haben, wie: menschliche Begegnung ermöglichen und einüben, Konflikte gewaltfrei lösen, Nächstenliebe praktizieren, die Würde, die jeder Mensch hat, bewußt machen – unabhängig von Sprache, Rasse oder Religionszugehörigkeit –, Toleranz einüben, lernen, Achtung zu haben vor der Meinung des Andersdenkenden, Achtung vor der Schöpfung lernen usw.
Diese Werte verkörperten die jungen Leiterinnen und Leiter durch ihre ganze Person. Sie versuchten, wirkliche Vorbilder zu sein für die ihnen anvertrauten jungen Menschen. Das hat mich immer wieder fasziniert, weil ich feststellen konnte, daß auf diese Weise ganz wichtige Teile der christlichen Botschaft ankamen. Diese Teile versuchten wir dann gemeinsam in verschiedensten Formen von Gottesdiensten zur Sprache zu bringen, um so die Verbindung herzustellen zwischen der Wirklichkeit des Lebens der jungen Menschen und der Wirklichkeit des gefeierten Glaubens. Manchmal wurden diese Gottesdienste wirkliche »Sternstunden« bei Freizeiten und in der kirchlichen Jugendarbeit.
Wenn Menschen begriffen haben, daß Glaube zutiefst und zuinnerst etwas mit ihrem Leben zu tun hat, beginnt der Weg (der Weitergabe) des Glaubens.
Eine zweite Gruppe sind die Adressaten für religiöse Angebote, die Kinder und Jugendlichen, die auf kirchlichen Freizeiten und in der kirchlichen Jugendarbeit angetroffen werden.
Voraussetzung dafür, daß »Religiöses« überhaupt stattfinden kann, ist, daß die Kinder und Jugendlichen vorbereitet und auf einem behutsamen Weg mitgenommen werden durch andere, die für sie Vorbild sein können. Diese Vorbilder müssen glaubwürdig sein. Wenn jemand sich sehr fromm gibt, aber in seiner Leitungskompetenz sehr brutal vorgeht, dann hat er nichts vom christlichen Glauben verstanden, dann sind seine Bekenntnisse nur fromme Worte. Ein solches Vorbild transportiert (ungewollt) die Botschaft, daß die ganze christliche

Botschaft heuchlerisch ist. Genau das Gegenteil von der ursprünglichen Absicht wird so erreicht! Kinder und Jugendliche sind sehr sensibel für das, was Ältere oder Erwachsene tatsächlich sind oder nur gerne sein wollen.
Das Beten beim Essen kann zu einem solchen Prüfstein werden. Oft ist es schon ein Ding der Unmöglichkeit, die Kinder und Jugendlichen soweit zu bringen, daß sie mit dem Schöpfen warten, bis auch wirklich alle am Tisch sitzen. Aber auch da ist schon viel erreicht, wenn es möglich wird, ihnen durch das eigene Verhalten deutlich zu machen, daß Essen mehr ist als nur Nahrungsaufnahme.
Religiöses braucht also Behutsamkeit und Geduld. Um mit Kindern und Jugendlichen beten zu können, braucht es zumindest eine Ahnung von Gotteserkenntnis. Diese Ahnung kann übermittelt werden durch das Verhalten anderer, die für ihren Glauben ein glaubwürdiges Zeugnis ablegen.
Der ganze Bereich des Umgangs miteinander, der zwischenmenschlichen Beziehungen, der Partnerschaft und Liebe ist ein weiterer Prüfstein für »Religiöses«. Wenn es gelingt, die Würde jedes Menschen ins Zentrum des Bewußtseins der Kinder und Jugendlichen zu rücken, dann sind wir einen großen Schritt weiter. Solche Kinder und Jugendlichen sind eher gefeit gegen eine rein materialistische Denkweise.
Gottesdienst, Eucharistie zu feiern ist die Hochform religiöser Arbeit. Das muß sehr intensiv vorbereitet sein, und wenn möglich, sollten auch alle Zeichen und Symbole, die im Laufe einer solchen Feier auftauchen, kurz erklärt werden, damit sie mit dem Leben der Mitfeiernden in Beziehung gebracht werden können.

Explizit religiöse Angebote

Das bedeutet, daß bei einer Freizeitmaßnahme religiöse Angebote gemacht werden, die auch als solche ausgeschrieben und erkennbar sind. Dazu zählen Gottesdienst, Morgengebet, Gute-Nacht-Kirchen, Bibelgespräche, Meditationen, gemeinsames Singen religiöser Lieder, Bibelwerkstatt, kreative Angebote mit religiösem Inhalt, z.B. szenische Spiele, Bibliodrama, Tänze, Basteln und Malen, Gebetsrunden u.v.a.
Alle diese Angebote zählen mehr oder weniger zu den festen religiösen Formen. Den TeilnehmerInnen ist von Anfang an klar, daß es um religiöse Inhalte gehen soll, wobei nicht mehr das »Was?«, sondern nur noch das »Wie?« offen ist. Diese explizite Form von religiöser Arbeit ist aber nur ein, so meine ich,

kleiner Teil des Aspektes religiösen Arbeitens auf Freizeiten. Er ist noch lange keine Garantie dafür, daß sich auch Religiöses ereignet, daß dadurch die Mädchen und Jungen Zusammenhänge erkennen können zwischen den religiösen Angeboten einerseits und ihrem Leben (in der Gruppe) andererseits. Gerade um diese Zusammenhänge aber von eigenem Leben und Glauben soll es in religiöser Arbeit gehen.
Der weit größere Teil religiöser Arbeit findet nicht in speziellen Angeboten, sondern im tagtäglichen Miteinander der TeilnehmerInnen und BetreuerInnen statt.

Religiöse Angebote als Versuch und Auftrag, das Leben zu deuten

Es geht nicht darum, die Hände in den Schoß zu legen und darauf zu warten, was das tägliche Leben so an Situationen bietet, die im günstigsten Fall dann religiös gedeutet werden könnten. Zum Verständnis, worum es hier gehen soll, hilft ein Text, der auf der JugendseelsorgerInnentagung 1993 in Rot an der Rot von der Gruppe »Freizeiten« verfaßt wurde (die Gruppe ließ sich vom Anfang des Johannesevangeliums inspirieren):

Im Anfang war das Zelt,
und Gott war im Zelt,
und das Zelt war die Welt.
Gott war im Zelt,
aber wir erkannten ihn nicht.
Wir machten etwas Religiöses,
und die Kinder merkten es nicht,
doch sie fanden IHN …
im Lagerfeuer, bei der Nachtwanderung,
im Kummerkasten, beim Donnerbalkenbau,
beim Eintopf-Austeilen,
im Krankenzelt beim Bauchweh,
im Singen, bei der Schwäbischen Olympiade …
(keia, jucka, saua).
Und alle, die dabeistanden,
wunderten sich sehr!

Die Kinder sagten: Fürchtet euch nicht!
Und sie lobten Gott und sangen:
»Tschu tschu, der Lagerboogie!«

- Dieser Text sagt uns auf humorvolle, witzige Art und Weise kurz und bündig, was »Religiöse Angebote« oft sind oder sein könnten.
- Jeder Mensch hat bereits irgendwelche religiöse Vorerfahrungen, Erlebnisse, Glaubenserfahrungen. → Gott war im Zelt.
- Etwas Religiöses kann letztlich nicht »gemacht« werden, d.h. die BetreuerInnen haben es letztlich nicht in der Hand, daß sich »Religiöses« ereignet, sie können letztlich nur Anstöße geben, unterstützen, deuten, Beispiel geben, nicht aber »machen«.
- Es gibt unzählige Erfahrungsräume für Religiöses, die neben den sogenannten festen Formen religiöse Erfahrungsräume sein oder werden können. Hierbei können die Verantwortlichen durch ihr eigenes Lebenszeugnis und das Verhalten im Umgang untereinander und mit den Kindern Entscheidendes beitragen.
- Und daß wir als Verantwortliche zwar keine Mühe scheuen dürfen, auch wenn all unsere Versuche oft vergebliche Liebesmühe gewesen sind. Das soll uns nicht entmutigen; dann kann eintreten, was im Text als »sie wunderten sich sehr« beschrieben wird. Kinder überraschen uns oft mit Aussagen, Handlungen und Verhaltensweisen, angesichts derer wir mit unseren religiösen Methodenköfferchen mitunter recht mickrig und armselig dastehen. Doch gerade das sollte uns am meisten freuen.

Männer und Frauen

Religiöse Angebote und religiöse Erlebnisse ereignen sich nicht im luftleeren Raum. Die Gesamtatmosphäre einer Freizeit entscheidet darüber, ob religiöses Tun aufgesetzt wirkt oder dazugehört. Das Bemühen um eine gute Atmosphäre auf einer Freizeit muß deshalb für ein Team an oberster Stelle stehen. Dazu können die einzelnen viel beitragen. Teamprozesse müssen so gestaltet werden, daß wirklich gemeinsame Entscheidungen getroffen werden. Jede/r muß Verantwortung wahrnehmen und zupacken, wo er/sie gebraucht wird. Gegenseitige Unterstützung und Wertschätzung fördert das Zusammenleben. Hat das Team ein gutes Miteinander gefunden, so überträgt sich dieses rasch auf die Gesamtfreizeitgruppe. Wir möchten an dieser Stelle genauer hinschauen, was das Verhältnis der Geschlechter betrifft:

- Wer von den Männern bzw. Frauen im Team übernimmt welche Aufgaben und Verantwortungen?
- Wer leitet die Teamsitzungen?
- Wer tröstet die (heimweh-)kranken Kinder?
- Wer bestimmt die Route bei der 2-Tages-Wanderung?
- Wer räumt das Teamerzimmer/-zelt auch mal unaufgefordert auf?
- Wer hat Interesse an religiösen Angeboten?
- Wer ergreift Initiative?
- Wer bereitet vor?
- Wer leitet so ein Angebot?

Diese Fragen sollen sensibel machen. Mädchen und Jungen, Frauen und Männer sollen lernen, partnerschaftlich Verantwortung in allen Bereichen zu teilen. Wir ermutigen Mädchen und Frauen auch im religiösen Bereich, v.a. bei Gottesdiensten eine Leitungsfunktion zu übernehmen.

Pluspunkte

Gegebenheiten, die zu religiösen Erfahrungen einladen

Siegfried Welz-Hildebrand

Möglichkeiten, die Freizeiten bieten

In diesem Abschnitt geht es darum, was die Situation und die Erfahrungen von Kindern und Jugendlichen bei Freizeiten von ihrem Alltag unterscheidet; ja viel mehr, was sie aus dem Alltag heraushebt, was das Plus ausmacht. Im Sinne dieser Arbeitshilfe soll das Plus aber auch verstanden werden als die Chancen, Kinder und Jugendliche auf Freizeiten religiös anzusprechen. Erfahrungen und Erlebnisse auf ihre Tiefe hin zu durchleuchten.
Heiner Barz beschreibt in seiner Untersuchung »Jugend und Religion«, daß bereits das Frühjahr und der Sommer sich im subjektiven Erleben von Jugendlichen von der übrigen Jahreszeit absetzen, daß Jugendliche (und wohl auch Erwachsene!) in dieser Zeit ein intensiveres Lebensgefühl haben, die Aktivitäten auch durch das vermehrte »Draußen-sein-Können« sich steigern. Den Höhepunkt dieser ansteigenden Lebenskurve stellt für viele der Urlaub dar, zumindest in der Erwartung.
Ich möchte im folgenden einige Erwartungen von Jugendlichen an Urlaub und Freizeit beschreiben und versuche dabei auch aufzuzeigen, wo in solchen Wünschen oder konkreten Erfahrungen eine religiöse Dimension sichtbar wird.

»Tun, was ich möchte«

Das ist der Traum, den viele im Zusammenhang mit Freizeiten träumen. Gegenüber dem durch Schule, Beruf und vielerlei anderer Verpflichtungen (selbst gewählte) verplanten Alltag endlich einmal unverplant sein, selber

über die Zeit bestimmen können, selber entscheiden, was ich machen möchte, nach Lust und Laune leben.
Der Intensität dieses Wunsches steht bei vielen Kindern und Jugendlichen die Realität gegenüber, daß sie das gar nicht so gut können. Sehr schnell taucht bei Freizeiten die Frage auf: »Was soll ich denn tun?« Langeweile macht sich breit. Viele Kinder und Jugendliche brauchen hier gute Anregungen, brauchen eine Struktur im Tagesablauf, die ihnen hilft, eigene Bedürfnisse und Interessen zu finden und zu verwirklichen. Eine weitere Schwierigkeit kann unter Umständen darin liegen, daß aus den vielen Einzelinteressen auch ein gewisses Maß an gemeinsamem Programm entstehen soll.

»Mal was anderes sehen und erleben«

Auch hier geht es um eine Unterbrechung des Alltags, um Tapetenwechsel. Es geht auch darum, Reizvolles zu erleben, neue Herausforderung zu bekommen, die der Alltag so nicht bietet.
Hierher gehört auch die Begegnung mit Menschen fremder Länder und Kulturen. Dies kann zur Erweiterung des eigenen Horizonts, zu mehr Toleranz und Verständnis für andere führen, was unter dem Vorzeichen eines neu erwachenden Nationalismus ein nicht zu unterschätzender Effekt ist.

»Schönes angucken«

Auf Freizeiten gibt es viel Schönes zu sehen: Sonnenaufgänge oder -untergänge, Kunst und historische Bauwerke und einen klaren Sternenhimmel, Landschaften, Morgenstimmung, ein gelungenes Bastelwerk, ein schön angerichtetes Essen. Schönes angucken hat viel mit genießen zu tun. Genießen wiederum setzt voraus, etwas wahr- und aufnehmen zu können, ein Gefühl für etwas entwickeln, sich Zeit nehmen für etwas, staunen können. Manche Kinder und Jugendliche können das noch spontan, andere müssen dazu angeleitet werden.

»Nette und interessante Leute treffen«

Für Jugendliche ist es wichtig, mit Gleichaltrigen wegzufahren, einmal ein paar Tage ohne die Kontrolle der Eltern zu sein, gemeinsam etwas zu erleben,

miteinander Spaß zu haben, Verrücktes zu tun. Wichtig ist für sie, dies in einer Gruppe zu erleben, die sich gut versteht, in der es keine Außenseiter und Abweichler gibt.
Ein wichtiger Aspekt dürfte auch die mehr oder minder bewußte Erwartung sein, auf einer Freizeit neue Freunde oder Freundinnen zu finden, sich zu verlieben. Jugendliche haben hier hohe Erwartungen an sich und andere, um so größer ist die Enttäuschung, wenn es nicht klappt mit der Gemeinschaft, wenn ein anderer einem die gerade neue gewonnene Freundin ausspannt …
Sehr wichtig und fundamental sind in einer Gruppe die Erfahrungen des Aufeinander-angewiesen-Seins, des Aufeinander-Rücksicht-Nehmens, um als Gruppe im wahrsten Sinne des Wortes voranzukommen, z.B. bei einer Boots- oder Radfreizeit.

»Die Natur erleben«

Freizeiten bieten, im Gegensatz zum Alltag, der oft »drinnen« oder im verbauten Gelände ohne Spielmöglichkeiten stattfindet, die Möglichkeit, Natur hautnah zu erleben. Für viele ist es eine ganz neue Erfahrung, Wind und Wetter unmittelbar ausgesetzt zu sein z.B. in den Bergen, auf dem Wasser. Man erlebt die soziale Umgebung, aber auch die Natur anders, wenn man zu Fuß, mit dem Fahrrad oder dem Boot unterwegs ist, als wenn man mit dem Auto fährt. Andererseits erleben Jugendliche in landschaftlich attraktiven Touristengegenden auch die Ambivalenz zwischen schöner und durch den Tourismus bedrohter Natur. Sie sind direkt damit konfrontiert, wenn ein See z.B. schön aussieht, wegen der Wasserqualität aber nicht mehr darin gebadet werden darf. Im (zeitweiligen oder dauernden) unmittelbaren In-der-Natur-Sein, das heißt weg von den Erleichterungen und Bequemlichkeiten der Zivilisation, ist auch eine neue Erfahrung des Leibes möglich. Der Alltag eines Schülers mag z.B. zwar einiges an Streß enthalten, aber wann machen Kinder und Jugendliche noch die Erfahrung, im positiven Sinne müde und geschafft zu sein?

Die religiöse Dimension des Erlebens auf Freizeiten

Ich habe bisher einige Erlebnisqualitäten von Freizeiten bzw. Erwartungen von Jugendlichen auf Freizeiten hin beschrieben. Ich möchte im nächsten Schritt versuchen, in diesen Erlebnissen verborgene und sich möglicherweise andeutende Tiefendimensionen aufzuzeigen und zu benennen. Dabei muß gesehen werden, daß sowohl die einzelnen Erlebnisqualitäten als auch die religiöse Tiefendimension nicht isoliert, sondern im Verbund zu betrachten sind.

Beziehungsaspekte: In der Sehnsucht nach und im Erleben von Gemeinschaft und gelingenden Beziehungen kann etwas geahnt werden von dem Gott, der selber Beziehung und Liebe ist und der die Menschen als Gemeinschaft von Brüdern und Schwestern will.

Freiheits- bzw. Selbstbestimmungsaspekt: Im Wunsch nach und Erleben von unverplanten und eigenverantwortlich zu gestaltenden Zeiten kann auch Kindern und Jugendlichen die Geschenkhaftigkeit des eigenen Lebens und der eigenen Fähigkeiten und Möglichkeiten aufgehen. Sie können einen Sinn dafür bekommen, daß Gott den freien Menschen will, der sich und andere nicht zum Sklaven macht.

Aspekt der Natur: Im Erleben der Natur im kleinen (der Ameisenhaufen) wie im großen (Berge, Meer) kann einem viel aufgehen vom Wunder der Schöpfung und des Schöpfers: geheimnisvolle Ordnung, überwältigende Größe, ungeheurer Reichtum und Vielfalt, ja Überfluß. Auf der Kehrseite der bedrohten und zerstörten Natur wird deutlich, was es bedeutet, daß Gott die Schöpfung dem Menschen in die Hand gibt. Jugendliche können sich leicht als Bestandteil dieser Schöpfung und deren Hüter erfahren.

Aspekt Aktivität und Stille: Während Jugendliche sich in den verschiedenen Freizeitaktivitäten als mit manchmal ungeahnten Talenten ausgestattete Geschöpfe erfahren, geht ihnen in Elementen der Stille, des Ruhig-Werdens und Zu-sich-Kommens vielleicht auf, wie wichtig es ist, sich nicht in Aktivitäten nach »außen« zu verlieren, sondern in Beziehung zu sich, zum eigenen »Innen« und zur eigenen »Mitte« zu bleiben. Nur im Wechsel dieser Pole ist gelingendes Menschsein möglich.

Ansatzpunkte

Wo fängt das Religiöse an?

Josef Wiedersatz

Bei religiösen Angeboten geht es darum, Kindern und Jugendlichen Zugänge zum Glauben zu eröffnen, Erfahrungsräume zur Verfügung zu stellen. Glauben einmal auszuprobieren oder auch eigene Glaubenserfahrungen an andere weitergeben zu können.
Freizeiten stellen dabei den geschützten Raum dar, außerhalb der gewohnten Umgebung (Familie, Schule, Freunde, Gemeinde usw.) Religiöses einmal ganz anders zu erleben. Die Hemmschwelle, über Glauben zu reden, ist hier geringer, Gelerntes und auch der Kinderglaube von zu Hause dürfen in den Hintergrund treten. Jugendliche auf Freizeiten sind meist offener für Neues. Das betrifft auch den religiösen Bereich. Auch Jugendliche, oft gerade sie, die von Haus aus kaum religiös sozialisiert sind und keinen oder kaum Kontakt zur Kirche haben, sind in der Freizeitsituation sehr ansprechbar für Religiöses.
Mein Anliegen ist es, daß Jugendliche und BetreuerInnen erfahren und lernen können, daß Religion und Glaube sich eben nicht nur in dafür bereitgestellten Nischen ereignen und es dazu einer extra eingeplanten Zeit bedarf, sondern sie sollen »Gott sehen in allen Dingen«, wie der heilige Ignatius es gelehrt hat. Dadurch wird der Raum erfahrbaren Glaubens unendlich größer, ja er umfaßt und durchdringt das ganze Leben.
Fast alle Lebensbereiche können im Licht des Glaubens gesehen, gedeutet und gewertet werden.
Kinder und Jungendliche beobachten und registrieren sehr genau, was sie sehen, hören und erfahren. Sie werden unser Reden und Tun mit dem vergleichen, was wir selbst von der Gemeinschaft verlangen und erwarten, und sie sind sehr sensibel, wenn unser Lebensbeispiel (wie wir Tag für Tag erfahren werden) nicht damit übereinstimmt. Wenn sich unsere Motivation, als Christ leben zu wollen, im Freizeitalltag glaubwürdig erfahren läßt, dann werden uns die Teilnehme-

rInnen vielleicht fragen: Woran liegt das? Warum bist du so? Warum machst du das? Und dann können wir erzählen: Von unserem eigenen Glauben, von unseren Hoffnungen und Freuden, aber auch von den Zweifeln und Ängsten und unserem Traum von einer besseren Welt. Und sie werden erkennen, daß Glaube etwas Alltägliches und Urmenschliches ist, etwas, das sich immer dann ereignet, wenn zwei oder drei in seinem Namen beisammen sind.

Und dann ist es nicht gleichgültig:

- wie Gruppenleiter miteinander umgehen,
- wie das Arbeitsklima in der Küche ist,
- wie Konflikte ausgetragen werden,
- wie mit Problemen umgegangen wird,
- wie »schwierige« Kinder behandelt werden,
- wie mit Lebensmitteln, Rohstoffen, Natur und Umwelt, Tieren, Pflanzen und Wasser umgegangen wird.

Es ist wichtig, welche Beispiele wir geben:

- ob wir sensibel sind dafür, wenn irgend etwas nicht stimmt,
- ob wir sehen, wenn jemand Hilfe braucht,
- ob wir bereit sind, irgendwo einzuspringen, mitanzupacken,
- ob wir dankbar sind für die Gaben der Schöpfung, die gemeinsame Zeit, dankbar für das Miteinander,
- ob wir selbst noch Zeit haben, zu hören, zu staunen, uns zu freuen, zu teilen und etwas hergeben zu können.

Ideen und Möglichkeiten, die religiösen Dimensionen auf Freizeiten aufzuzeigen

Woanders ist man ein anderer. Und woanders ist man auch ansprechbarer, sensibler und offener für all das Neue, das darauf wartet, erlebt zu werden. Ich denke dabei konkret an:

- nächtliche Gespräche am Lagerfeuer,
- eine sternenklare Nacht vom Schlafsack aus gesehen,

- die Geräusche der Nacht und des Waldes,
- die Gespräche, das Gekicher und die Witze im Zelt, bevor man endlich todmüde einschläft,
- die Nachtwanderung, bei der keine/r mehr geglaubt hat, jemals den Nachhauseweg wieder zu finden,
- das Leben am Wasser, ein frisches Bad frühmorgens im See, die erste Segeltour,
- das selbstzubereitete Essen, das immer schmeckt,
- die Erfahrung von Naturgewalten: Blitz, Donner, Hagel und Regengüsse,
- Freundschaften, die neu geschlossen werden,
- die halbverbrannte Wurst, die trotzdem gegessen wird,
- das Verkleiden beim Theaterspielen, um endlich einmal so oder anders sein zu dürfen,
- das Hantieren mit Werkzeugen und Materialien, die man zuvor höchstens von weitem kannte (Donnerbalkenbau, Holzsägen …),
- das Entdecken von Begabungen und Talenten, die bislang in mir geschlummert haben,
- das Besteigen eines Berggipfels, wobei man Schritt für Schritt die kleine Welt mit ihren Sorgen unter sich zurücklassen kann und endlich einmal »darübersteht«,
- Geschichten, Gesichter, Erlebnisse
  und, und, und …

Springende Punkte

Wichtige Grundregeln für religiöse Aktivitäten

Reinhold Hübschle

Keine religiösen Überzeugungen überstülpen

Freizeiten sind nicht der Ort, um ein missionarisches Bewußtsein auszuleben. Was geleistet werden kann, ist allenfalls eine Sensibilisierung für Religion und für das Evangelium.

Religiöse Angebote im Gesamtkontext der Freizeit

Es ist unbedingt erforderlich, daß ein Freizeitteam das Thema Religiöses/Religiöse Angebote vor der Freizeit anspricht, damit deutlich wird, wer aktiv dieses Thema betreibt, und daß verhindert wird, daß einzelne Teammitglieder dieses sabotieren. Durch ein klärendes Gespräch wird der Stellenwert deutlich, den der religiöse Bereich für ein Team hat.

Planung

Es ist sehr wichtig, schon bei der Vorbereitung einer Freizeit »religiöse Elemente« fest miteinzuplanen. Ich gestehe jedem Vorbereitungsteam zu, daß es den besten Willen hat, tatsächlich auch bei der Maßnahme etwas zu tun in Richtung gefeierter Glaube. Nun macht aber jedes Team die Erfahrung, daß es immer wieder Umstände gibt, die dazu zwingen, das Programm zu ändern. Wenn dann solche »religiösen Elemente« nur noch im Hinterkopf da sind, werden sie als erste den neuen Zwängen geopfert. Wenn diese Elemente aber fester Bestandteil des Programms sind, dann braucht es die Auseinandersetzung, an welcher Stelle solche Teile wieder eingefügt werden sollen.

Zeit

Viele Maßnahmen leiden darunter, daß für »religiöse Elemente« zu wenig Zeit eingeplant wird. Gerade diese Arbeit aber erfordert sehr viel mehr als nur die Zeit der Durchführung, weil schon die Vorbereitung der Teilnehmer auf so ein Ereignis sorgfältig gestaltet werden muß.

Vorbereitung eines Angebots

Religiöse Elemente und Gottesdienste sollten von möglichst vielen Teilnehmerinnen und Teilnehmern vorbereitet und getragen werden. Auf diese Art und Weise wird das Thema bereits erschlossen. Es muß nicht mehr alles in der Feier selbst gesagt werden. Die Kinder und Jugendlichen lernen bei der Vorbereitung bereits, daß Religion auch etwas mit ihrem Leben zu tun haben kann, und sie lernen, sich selbst in so einem Gottesdienst einzubringen.

Leitung eines Angebots

Die Gruppe, die vorbereitet, sollte auch gemeinsam leiten. Bei den einzelnen Elementen jeweils die Leitung wechseln. Wenn einzelne in einer Vorbereitungsgruppe noch keine Erfahrungen haben, kann es auch eine/n Gesamtleiter/in geben. Wir bevorzugen Leitungsteams und in diesen gleich viel Frauen wie Männer (sofern es ein gemischt-geschlechtliches Angebot ist).

Inhalte und Themen

Ein weiterer, wichtiger Grundsatz ist, daß »die Botschaft«, das Thema am Leben der Teilnehmerinnen und Teilnehmer orientiert sein sollte und einen Bezug zur Freizeit hat.
Es macht keinen Sinn, einen Gottesdienst über »Schöpfung« zu machen, wenn sich das Thema »Ausländerfeindlichkeit« oder »Gewalt« bei der Freizeit entwickelt hat. Wichtig ist, so konkret wie möglich anzusetzen. Nicht in Allgemeinplätzen bleiben, sondern konkrete Situationen ins Gebet nehmen. Dabei ist allerdings ein gewisses Fingerspitzengefühl dringend nötig, um niemanden zu verletzen oder bloß zu stellen. Gefährlich sind in diesem

Zusammenhang »Fürbitten«, die eigentlich eine Anweisung oder Bitte an eine(n) andere(n) sind. (Lieber Gott mach, daß mich der Michael nicht dauernd ...) Um das zu vermeiden, ist es hilfreich, wenn der/die Leiter(in) der Feier kurz sagt, was da ins Gebet gebracht werden soll.
Fürbitten z. B. sind der Ort, wo wir Gott anstelle anderer Personen, die vielleicht nicht mehr beten können, um etwas bitten dürfen. Z. B.: Deswegen lade ich euch jetzt ein, Situationen oder Personen zu benennen oder an sie zu denken, wo ihr meint, daß sie dringend Hilfe brauchen. Ich denke z. B. jetzt gerade an die Mutter von X, sie ist mit Krebs operiert worden. Ich weiß, daß die ganze Familie ziemlich verzweifelt ist. Ich bitte euch, mit mir – für sie zu Gott zu beten.
Grundsätzlich sollte man bei einer religiösen Feier darauf achten, daß es einen »roten Faden« gibt. Nicht möglichst viele Texte – einer wird schon treffen – sind gefragt, sondern es sollte die Botschaft klar sein, die mit solchen Texten transportiert werden soll. Weniger ist dann oft mehr.

Gestaltung der Themen

Zeichen und Symbole verwenden

Interessant ist, daß gerade in unserer hochtechnisierten Welt Zeichen und Symbole eine neue Wichtigkeit erhalten. Es gibt eine tiefe Sensibilität für solche Dinge und für die Botschaft, die sie dann in sich tragen. Das können Blumen, Blätter, Steine, Pelzchen, Bänder, Holzstücke, Muscheln usw. usw. sein. Sie müssen nur jeweils mit einer bestimmten Deutung überreicht werden, die möglichst eng mit dem Thema zusammenhängen sollte.

Alle Sinne miteinbeziehen

Dieser Punkt beinhaltet die Wahrheit, daß Menschen mit allen Sinnen glauben. D. h. hier geht es um Hören, Sehen, Schmecken, Riechen, Fühlen und Tasten. Es ist fast unmöglich, in jeder gottesdienstlichen Handlung all diese Sinne anzusprechen, aber es sollte nicht versäumt werden, zumindest einigen Sinnen Raum zu geben. Hören, Sehen, Schmecken und Tasten sind die üblichen Sinne, die auch bei unseren Gottesdiensten für gewöhnlich vorkommen. Riechen und Fühlen brauchen eigene Formen und Medien. Auch da sind der Phantasie und Kreativität kaum Grenzen gesetzt.

Lieder und Musik
Sehr wichtig im gottesdienstlichen Handeln Ist das gemeinsame Singen und/oder Musik hören/musizieren. Ich denke, dieser Bereich wird in der Praxis am häufigsten wirklich gepflegt und intensiv vorbereitet. Dabei sollte nicht übersehen werden, daß auch entsprechende Liederbücher oder Liederblätter da sind mit Liedern, die möglichst alle mitsingen können. Unbekannte Lieder sollten vorher kurz angesungen werden.

Teilnehmerinnen/Teilnehmer

Die religiösen Vorerfahrungen und Kenntnisse sind sehr unterschiedlich. Deshalb nicht zuviel voraussetzen, sondern einen Ansatz wählen, bei dem alle Neues entdecken können.

Freiwilligkeit

Es geht auch nicht darum – nach dem Motto: Es kann ja nichts schaden –, eine solche religiöse Maßnahme aufzuzwingen. Genau das Gegenteil wird eintreten: Es richtet Schaden an, vor allem dann, wenn der einladende Charakter eines solchen religiösen Elements durch Zwang zur Anwesenheit pervertiert wird. Damit ist niemandem gedient. Das Prinzip der Freiwilligkeit halte ich für eine unverzichtbare Grundsäule jeglicher religiösen Angebote.

Gestaltung der Orte/Räume

Diesem Element sollte man viel Überlegung widmen. Es ist nicht gleichgültig, wie der »Raum« aussieht, in dem etwas Gottesdienstliches geschehen soll. Mir wird in der Jugendarbeit immer wieder sehr deutlich vor Augen geführt, daß es für Jugendliche etwas ungeheuer wichtiges ist, wie der Raum aussieht, in dem sie sich wohlfühlen können. Um ein religiöses Element auch wirklich ankommen lassen zu können, ist es nötig, auch den Raum entsprechend zu verändern. Da ist der Phantasie keine Grenze gesetzt! Vor allem aber sollte er von den Teilnehmerinnen und Teilnehmern gestaltet werden dürfen. Wenn er dann nicht so aussieht, wie sich die Leitung das vorgestellt hat, dann hat auf jeden Fall die Version der Jugendlichen den Vorrang, um ihnen nicht gleich wieder die Motivation zu nehmen. Manchmal kann es sehr provokativ sein, was dabei herauskommt, aber warum nicht auch eine solche Provokation zulassen und in der Feier zur Sprache bringen?

Übersichtlichkeit

Bei Gottesdiensten im Freien ist es wichtig, immer wieder auch die Sammlung aller zu bewerkstelligen, daß nicht plötzlich einige sich einfach ausklinken. Dazu ist es hilfreich, eine große Gruppe in kleine Gruppen aufzuteilen. Zu jeder kleinen Gruppe setzt sich ein(e) Leiter(in). In der kleinen Gruppe wird das praktiziert, was im großen Kreis erklärt wird. (Z. B. hat jede kleine Gruppe ihren eigenen kleinen Altar, der im Laufe des Gottesdienstes von einem großen Altar her gerichtet und geschmückt und mit den nötigen Dingen versehen wird.) Auf diese Weise erhält die ganze Feier eine große Ernsthaftigkeit, und alle können unmittelbar am Geschehen teilnehmen, weil es nicht so weit weg ist.

Zeitpunkte

Gelegenheiten, die es aufzugreifen gilt

Jutta Schnitzler-Forster

Viele Situationen und Zeitpunkte auf einer Freizeit haben religiösen Charakter. Hier Beispiele, wie sie aufgegriffen werden können:

Thema anfangen

Der Beginn, das Zusammenkommen von Menschen, die sich nicht kennen, aber eine Zeitlang intensiv miteinander leben wollen, muß gut vorbereitet werden. Hier stellen sich Weichen, wie sich das Zusammensein entwickeln wird.
Am Anfang einer Freizeit sind unterschiedliche Gefühle im Spiel: Neugier und Aufregung, Vorfreude und Befürchtungen, Abenteuerlust und Unsicherheit. Es sind intensive Gefühle, die Raum bekommen müssen. In der Anfangssituation ist es wichtig, Sicherheit zu vermitteln. Wo wird das Kind unterkommen? Wer ist der/die zuständige Betreuer/in? Wo sind die wichtigen Einrichtungen?
Die Begrüßung und das erste Kennenlernen sollten so gestaltet sein, daß die Unsicherheiten vergessen werden, dafür Zuversicht und Vorfreude geweckt werden.
Es ist gut, das Zusammengehörigkeitsgefühl zu fördern. Dies geschieht durch Zeit, sich einzurichten und sich ein wenig umzusehen, durch eine Vorstellung der Gesamtgruppe, durch Übungen oder Spiele, die Bewegung schaffen, Lachen ermöglichen und die »Neuen« ins Gespräch bringen. Natürlich ist Musik und Singen immer etwas sehr Gemeinschaftsstiftendes!

Vorsicht: Niemand muß/soll sich exponieren. (Spiel-)Anweisungen geben, die verständlich sind und nicht überfordern. Bei allem Angebot auch Schutzräume bieten, d.h. auch Beteiligungsmöglichkeiten passiver Art überlegen.

Der erste Tag könnte so gestaltet werden, daß Teilgruppen gebildet werden, die je einen Beitrag für eine gemeinsame Begrüßungsfeier am Abend vorbereiten, z. B. ein Begrüßungsdrink, -tanz, -lied, -sketch, -witz, -gebet, -segen.
Diese Elemente müssen vom Team geordnet werden. So kann das erste Gemeinschaftserlebnis stattfinden. Diese Form, daß verschiedene Gruppen etwas beitragen, ist ebenso geeignet für Gottesdienste. Die einzelnen Elemente werden von den Beteiligten getragen und haben dadurch Bezug zu ihnen. Leitung heißt in diesem Fall: zusammenwachsen lassen, Struktur geben.
Wenn Kinder noch keine Erfahrungen haben, selber Ideen zu entwickeln, brauchen sie Begleitung.

Zur Feier des Tages

Es gilt, die Feste zu feiern, wie sie fallen. Gerade auf Freizeiten, in denen wir intensiv miteinander leben, bieten sich Möglichkeiten, kreativ mit unseren »Feiertagen« umzugehen.
Es ist etwas ganz Besonderes, im Rahmen einer Freizeit einen persönlichen Ehrentag zu feiern. Spannung, Erwartung: Wie wird das wohl?
Für ein Team ist es wichtig, die Geburts-/evtl. Namenstage festzustellen und diese bei der Planung zu vermerken. Der/die Betreuer/in bzw. das Team sollte dem Kind/Jugendlichen einen Rahmen anbieten, z.B. einen geschmückten Schlafplatz, einen gedeckten Frühstückstisch, ein Geburtstagslied, Kerzen ausblasen, Gebasteltes von der Zeltgruppe, eine Runde Mohrenköpfe für alle …
Dadurch wird dieser Tag etwas Besonderes, das man zu Hause nicht bekommen kann. Es tut sicher jedem Kind gut zu erleben: Ich bin wichtig, ich bekomme etwas von anderen!
Auf den Sonntag hin ist es oft die Frage nach dem Gottesdienst und der Eucharistiefeier, die im Team und bei den TeilnehmerInnen nicht unumstritten ist. Vor allem, wenn kein Priester auf der Freizeit dabei ist.
Bei Gottesdiensten müssen die Themen der Gruppe vorkommen. Möglichst alle sollten an der Vorbereitung beteiligt sein. Reizvoll ist es, den Sonntag ungewöhnlich zu gestalten, z.B. als Genußtag: Ausschlafen, gemütliches Frühstück, »Verwöhn«-Angebote, Kuchen und erst abends ein Gottesdienst, an dem vor allem für den schönen Tag gedankt wird.
Vielleicht ist auch ein Kuscheltag angesagt:

Kuscheltag

Vielen Jugendlichen ist Ausschlafen wichtig (»heilig«), wenigstens ab und zu mal. Wir wär's mit gemeinsamem Ausschlafen?

Elemente dazu:
Phantasiereise, Meditation, bewußtes Atmen, autogenes Training zum Einschlafen.
Schlafhöhlen bauen: mit Tüchern, Schmusetieren, Kissen, Decken, Matratzenlager, Schmöker, Schlafmütze, Lichterkette als Sterne, Räucherstäbchen nach Wahl ...
Chips sind verboten.

- Gute-Nacht-Gebete
- ruhige Musik (Kuschelrock ...)
- Taschenlampe
- Pflanzen
- Tee/Samowar
- Geschichte »Frederick«
- Mitte bestimmen: Kerzen, Aquarium
- am nächsten Morgen Brunch

Theologische Idee:
Geborgenheit, Fallenlassen, Zurückziehen, Gemeinschaft erleben, den 7. Tag »begehen«, Pause machen, Religion heißt »Unterbrechung«.

Oder ein

Body-and-Face-Tag

Jugendlichen ist Out-fit und Ausdrucksform wichtig (»heilig«). Angebot auf diese Option hin:

- Selbstdarstellungsveranstaltung, Typberatung, Kleiderbörse, Modeschau mit Videoaufnahme, Fotografieren (»Wer bin ich?«), Lob und Anerkennung für gelungenen Ausdruck;
- Stimmungen, Zustände ausdrücken;
- jedeR bringt ihre/seine Musik mit, um sich zu verstärken;

- sich verwandeln, kreativ mit sich selbst umgehen;
- Spiel mit dem Körper, Tanz, Bewegung;
- möglich wäre eine Zeit nach Geschlechtern getrennt (um Räume für sich selbst zu finden, ohne ständige Abgrenzung gegen das andere Geschlecht);
- Kosmetik selbst herstellen (Gesicht, Schminken, Frisieren, Massage);
- Bilderaustellung mit vorher/nachher;
- Besuch eines Friseurs (Salons);
- Wie gefall' ich mir, wie nicht?
- Gespräch: Wer bestimmt, was schön ist?

Und ein Fest: Was gehört alles zu einem Fest?

- Kleidung
- Dekoration
- Bar
- Musik
- Unterhaltung

Miteinander feiern ist religiöses Handeln.

Außergewöhnliche Ereignisse

Ein Gewitter, ein Sturm, Verirren bei der (Nacht-)Wanderung, große körperliche Anstrengung, alles das sind Erlebnisse, die das Gemeinschaftsgefühl stärken.
Es ist nicht nötig, Anleitungen zu geben, wie diese Momente »gefeiert« werden können. Wohl aber darauf hinzuweisen, daß es Momente sind, in denen religiöse Gefühle wie Geborgenheit, Schutz, Gemeinschaft, Erleichterung ... erlebt werden.
Patschnasse Kinder in einem Unterschlupf, heißer Tee und warme Decken, Sonderverpflegung für alle, das sind Dinge, die in Erinnerung bleiben, weil hier das Leben gespürt wurde. Darum geht es, wenn wir »Religiöses« erleben wollen.

Freud und Leid

Diese Sparte von Ereignissen ist vielleicht die interessanteste, aber auch die schwierigste. Die Ereignisse spielen sich im persönlichen/zwischenmenschli-

chen Bereich ab, und dieser verlangt Schutz und behutsamen Umgang. Die Gefahr des Lächerlichmachens, des Bloßstellens oder Bevorzugens ist gegeben. Der persönliche Zugang bietet Chancen: Beziehungen und das Kennenlernen werden tiefer und vielleicht ehrlicher. Es entsteht eine Vertrauensbasis. Diese Anlässe passen eher für kleinere Untergruppen, wie die Zelt- oder Zimmergruppe.

Einige Beispiele:

- Ich habe mich getraut;
- etwas zum ersten Mal gemacht/geschafft;
- Unfall oder Krankheit auf der Freizeit;
- Heimweh/überwundenes Heimweh;
- überstandene Gefahr;
- »beinah«-Gefahr;
- Enttäuschung;
- Liebeskummer;
- Gruppenfeeling: alle finden's grad richtig toll!
- Verliebtsein.

Abschied

Jede Freizeit geht einmal zu Ende. Abschied steht an, und meist ist er ein dichtes Ereignis. Freude oder Trauer, daß die gemeinsame Zeit zu Ende geht? Vorfreude auf Zuhause oder Unlust, in den Alltag zurückzukehren?
Wieder unterschiedliche Gefühle – wieder intensiv.

Gedanken zum Abschied

Wenn ich an Abschied denke, fallen mir folgende Gedanken und Worte dazu ein:

- Eine schöne Zeit liegt hinter mir, mit Sonne, Strand, Festen im Teillager und Gesamtlager, Außenlager und Wanderlager;
- Gespräche mit anderen im Zelt, die für mich fruchtbringend waren;
- eine Bahnhofshalle, wo sich viele Menschen »Auf Wiedersehen« sagen;
- Freundschaften, Bekanntschaften;
- Tränen;
- »Scheiden tut weh«;

- wann sehen wir uns wieder? oder: Sehen wir uns je wieder?
- eine Leere liegt vor mir – Alleinsein;
- schöne Momente, die ich mit Menschen geteilt habe, die mir wichtig waren;
- Umarmungen;
- Auf-Wiedersehen-Sagen. Ich lasse eine schöne Zeit hinter mir, habe vielleicht bei dem einen oder anderen Spuren hinterlassen, oder manche haben bei mir Spuren gelegt; diese Zeit möchte ich nicht missen.

Abschied heißt aber auch aufbrechen:

- aufbrechen – in den Alltag;
- in Althergebrachtes;
- den Freunden und den Freundinnen, den Eltern daheim etwas von der schönen Zeit mitteilen, sie daran teilhaben lassen;
- aber auch einen Teil von dieser Zeit für sich behalten, sie gehört mir;
- sich auf Daheim freuen.

»Abschied« – schon das Wort tut weh. Wir scheiden voneinander.

Was wird bleiben:

- von all dem Erlebten?
- von all dem Erträumten?
- von all dem Gewünschten?
- von all dem Guten wie Schlechten?
- von all dem, was wir real erfahren haben, wird da manchem unreal Scheinendes weiterleben: die Gefühle, die Freude, die Ängste, die Freundschaften, die Eindrücke.

Es wird sich zeigen, was wichtig für dich war, was dich wirklich bewegt hat, was auch noch nach vielen Jahren bleibt.

Es wird noch viele Abschiede geben in deinem Dasein und es werden noch viele Erinnerungen bleiben, die wichtig sind in deinem Leben, die dich führen, die dich leiten, die dich bewegen. Bewahre sie gut, beschütze sie und denke darüber nach, vielleicht wirst du erkennen, worauf es ankommt in deinem Menschenleben, auf unserer Erde.

Ute Hienerwadel, Klaus Bauhofer

Gestalteter Abschied

Eine Geschichte zum Thema Abschied: Die Perlenkette

Wieder einmal trafen sie sich hinter der alten, efeubewachsenen Villa in dem halbverfallenen Gartenhäuschen. Gemütlich hatten sie es sich eingerichtet, die fünf Freundinnen.

Maike hatte von ihrer Großmutter ein paar alte Gardinen bekommen. Anna hatte eine Tischdecke vor der Altkleidersammlung gerettet; Tanja fand zu Hause im Keller eine Blumenvase, und die Zwillinge Pe und Sandy brachten immer Limonade und Kekse mit, sie hatten zu Hause nämlich einen kleinen Laden.

Die Sommerferien waren beinahe schon vorüber, und alle ahnten, daß nach den Ferien nichts mehr so sein würde wie vorher. Noch nie hatten sie so tolle Ferien gehabt, sie konnten die Zeit von einem Tag zum andern kaum erwarten, bis sie sich wieder trafen im alten Gartenhaus. Sie spielten, erfanden Geschichten, erzählten einander von zu Hause und manchmal versetzten sie sich sogar in eine ganz andere Welt. Dann waren sie Prinzessinnen am Hofe eines mächtigen Königs oder bereisten ferne Länder, in denen sie die erstaunlichsten Abenteuer erlebten. Doch heute war irgend etwas anders.

Es lag in der Luft; keine wollte darüber reden, und doch wußten alle das Wort, das jeder von ihnen im Kopf herumschwirrte. ABSCHIED.

Maike würde mit ihren Eltern wegziehen in eine andere Stadt. Ihr Vater hatte dort eine neue Arbeitsstelle gefunden und zum Hin- und Herfahren war die Entfernung zu weit. Anna hatte die Aufnahmeprüfung fürs Gymnasium bestanden, mußte wahrscheinlich viel lernen und würde bald schon neue Freundinnen aus ihrer Klasse finden.

Nur bei Tanja und den Zwillingen Pe und Sandy blieb alles beim alten. Sie würden auch weiterhin die Schule am Ort besuchen. Aber zu dritt ist es anders als zu fünft. Außerdem fehlte dann Maike, die immer so tolle Ideen hatte, und keine von ihnen konnte so gut Geschichten erzählen.

So saßen sie in ihren Gedanken versunken und starrten auf die alte Tischdecke, auf der die Vase mit den inzwischen verwelkten Blumen stand. Plötzlich stand Tanja auf und machte etwas ab, das sie um den Hals getragen hatte. Es war eine Kette. Eine Kette aus fünf verschiedenfarbigen Holzperlen. Sie legte die Perlenkette auf den Tisch. Wir wollen sie auseinanderschneiden,

sagte sie. Wir machen fünf Ketten daraus, und jede von uns bekommt eine Perle. Dann denken wir immer aneinander, wenn wir die Perle betrachten.
Au ja, riefen alle anderen wie im Chor, und sie zerteilten die Kette. Inzwischen sind die Jahre vergangen, die Freundinnen sind erwachsen geworden und haben teilweise selber schon wieder Kinder.
Was mit den Perlen geschah?
Immer, wenn eine von ihnen traurig war oder Pech hatte im Leben, dann schickten ihr die anderen als kleines Zeichen eine Perle. Und dann wußte sie: Ich bin nicht allein – die anderen denken an mich.

Am Abend vor dem Abreisetag ist im Zeltlager Seemoos das große Absingen. Alle Kinder, Betreuer, die Ärztinnen, das Küchenpersonal und alle sonst für ein Zeltlager so wichtigen Dienste versammeln sich in der großen Arena. Mit Liedern und einem großen Dankeschön wird Abschied genommen. Eine riesengroße Perlenkette aus über 500 Perlen lag in der Arena ausgebreitet. Nachdem die Geschichte vorgelesen worden war, erhielt jeder Lagerteilnehmer eine Perle zum Andenken. Ob wir uns wohl im nächsten Jahr wiedersehen?

Josef Wiedersatz

Eine weitere Möglichkeit:

Alle versammeln sich noch ein letztes Mal im Gemeinschaftsraum/Zelt oder auf einer Wiese. Es bietet sich an, in einem großen Kreis zu stehen.

Eine/r legt nun innerhalb des Kreises Zettel aus, auf denen die Tage/Wochen der Freizeit, der zeitliche Anfang und das Ende stehen.

Eine/r lädt ein, die gemeinsame Zeit noch einmal in Erinnerung zu rufen: Gesichter, Ereignisse, alles, was entstanden ist …

Eine/r lädt die Anwesenden ein, für ein Erlebnis, das ihm oder ihr besonders wichtig ist, ein Symbol oder einen Gegenstand zu suchen – oder ein Wort/ einen Satz auf ein Blatt zu schreiben.
Alle kommen in den Kreis zurück und ordnen ihren Gegenstand/Zettel dem entsprechenden Tag zu.
Es gibt Zeit, die Ereignisse, die dargestellt wurden, nochmals auf sich wirken zu lassen.

Eine/r: Wer möchte, darf seinen Eindruck schildern (keine Wertung und keine Diskussion). Mögliche Formulierung, die als Plakat in die Mitte gelegt wird: Gerne denke ich an … Schwierig fand ich …

Eine/r: Unsere gemeinsam erlebte Zeit verbindet uns, dies wollen wir mit diesem Papierband ausdrücken, das ich jetzt rumgebe. Das Band ist ein Zeichen für unsere gemeinsam verbrachten Tage, für die Gemeinschaft, die wir einander geschenkt haben.

Eine/r: Gott, am Ende dieser Freizeit wollen wir dir danken für alles, was in dieser Zeit in uns aufgebrochen und entstanden ist. Für alle Erholung und Freude, für alles, was uns herausgefordert hat. Laß uns von diesen Erfahrungen zehren im grauen Alltag. Führe uns immer wieder zusammen mit Menschen, die das Leben suchen und feiern, so daß wir in allem immer wieder dich entdecken dürfen. Schütze und stärke uns auf den alten und neuen Wegen, die wir gehen werden. Dazu segne du uns mit deiner Kraft und deiner Freude. Amen!

Eine/r: Unsere gemeinsame Zeit geht zu Ende, unsere Gemeinschaft löst sich wieder auf. Jede und jeder wird ein Stück des gemeinsam Erlebten mitnehmen. Als Zeichen dafür nehmt euch ein Stück dieses Bandes mit und erinnert euch, wenn ihr mögt, immer wieder an diese Zeit zurück.
Auf Wiedersehen, gute Heimreise!

TEIL II

Orientierungspunkte

Ideen und Material für die Praxis

Religiöses in Form bringen – und wie!?

Früh- bzw. Spätschicht

Eine Frühschicht könnte z. B. als morgendliche Wanderung mit verschiedenen Wegstationen gestaltet sein, oder ein markanter Treffpunkt am Meer, im Wald, an dem ihr euch trefft. Dort wird z. B. ein meditativer Text vorgelesen.
Eine Möglichkeit, die Spätschicht zu gestalten, ist der »Erlebnisbaum«: Teilnehmer und Reiseleiter haben im Laufe des Tages die Gelegenheit, auf entsprechenden Symbolen ihre Erlebnisse und Eindrücke zu schreiben und an den Baum zu heften/hängen. Am Ende des Tages werden die jeweils hinzugekommenen »Blätter« gemeinsam betrachtet.

Gebete

- Gebet in den Tag/Morgenlob
- Abendgebet
- politisches Nachtgebet (nächtliches Gebet mit bestimmtem politischen Anliegen, z. B. der Beendigung eines Krieges)
- Gebet oder Lied zur Besinnung vor und nach dem Essen
- traditionell bekannte und verbreitete Gebete (z. B. Vaterunser) neu bewußt machen, indem sie mit Gesten gebetet oder Verfremdungen vorgelesen werden
- spontan und frei formulierte Gebete
- Gebete aus Büchern
- Stille
- schriftliche Gebete: Auf Zetteln werden Gedanken aufgeschrieben (Worum möchte ich bitten? Wofür möchte ich danken?), eingesammelt und vorgelesen.

Lieder

- nicht nur singen, sondern auch erschließen: Bezug zum Thema herstellen
- Ursprung von Text und Melodie ergründen
- evtl. Lieder selber machen
- und dazu spielen
- Live-Musik (hier können Leute ihre Talente einbringen) oder auch passende Musik vom Band

Meditation

z. B. anhand/durch/mit Hilfe von

- Bildern/Photos
- Malen
- Metaphermeditation/Buchstabenmeditation
- über Material (Holz, Stein, Kerze, Wecker, Mobile ...)
- Musik
- Geschriebenes (Texte, Gedichte, Kurzgeschichten, Sprichwörter, Weisheiten, Schriftworte ...)
- Bewegung – Tanz
- Natur/Schöpfung (Berge, Meer, Gebirge, Strand)
- Mitmenschen betrachten
- Symbole
- Märchen erzählen/Vorlesen
- Collage

Hinweis: Natürlich können all die genannten Formen miteinander kombiniert werden. Wichtig ist es dabei, auch auf den äußeren Rahmen zu achten (Ungestörtheit, Stille) und die Meditation nicht methodisch zu überfrachten.

Auf Spurensuche – Spuren des Glaubens entdecken und lesen lernen:

- Bildstöcke
- Wallfahrtswege
- religiöse Symbole im jeweiligen Reiseland registrieren

- Inschriften an Häusern anschauen
- Klöster entdecken

Eucharistiefeier

Die Eucharistiefeier ist der Höhepunkt religiösen Tuns. Sie soll Ausdruck des Glaubens und der Gemeinschaft sein. Entsprechend den örtlichen und personellen Gegebenheiten gibt es verschiedene Möglichkeiten:

- in der Freizeitgruppe mit Pfarrer, der im Team mitarbeitet;
- wenn kein Pfarrer in der Gruppe dabei ist, ist es möglich, einen Geistlichen zum Gottesdienst einzuladen. Dabei muß aber gewährleistet sein, daß er bereit ist, sich auf die Freizeitatmosphäre und die Wünsche der Teilnehmer situationsgerecht einzustellen;
- Besuch eines Gottesdienstes in der Gemeindekirche. Dabei ist es sinnvoll, zuvor mit dem Pfarrer Kontakt aufzunehmen und die mögliche Mitgestaltung des Gottesdienstes mit ihm abzuklären (z. B. Lieder auswählen, Text lesen …).

Nichteucharistischer Gottesdienst

Der Zugang zu dieser Form des religiösen Ausdruckes ist leichter zu erreichen, weil weniger Vorverständnis verlangt und mehr Gestaltungsfreiheit möglich ist. Außerdem bietet die Gestaltung eines nichteucharistischen Gottesdienstes die Gelegenheit zu zeigen, daß ihr dies auch könnt. Nachfolgend einige Gesichtspunkte zum inhaltlichen Aufbau eines Wortgottesdienstes:

1. Einstieg, Situation der Gruppe aufgreifen, Einstimmung, Begrüßung, Hinführung zum Thema.
2. Buße und Bitte um Vergebung (vorformuliert, von Teilnehmern aus der Situation heraus vorbereitet).
3. Schrifttext bzw. Schriftlesung zu dem Thema, über das gesprochen oder meditiert wird.
4. Auseinandersetzung mit dem Schrifttext: Auslegung und Übertragung in die aktuelle Situation der Teilnehmer. Was bedeutet das für uns?
   Einige Methoden: kurze Ansprache, Rundgespräch zur Frage: Was ist mir wichtig an diesem Text? Spielerische Darstellung, Text zur Hinführung, Dia, Geschichte, Schreibmeditation, Stille, Neufassung des Tex-

tes auf heutige konkrete Situationen hin, Film, Bibel teilen.

5. Gebet: Dank, Bitte, Fürbitte, Psalm
6. Vaterunser
7. Friedensgruß
8. Verabschiedung, Schlußgebet
9. Segensgruß bzw. Segenswunsch

Gute-Nacht-Kirche

Dies ist eine einfache und offene Form, den Tag bewußt abzuschließen: Die Teilnehmer haben Gelegenheit, den ausklingenden Tag Revue passieren zu lassen und ihre Gedanken zu ordnen. Elemente einer Gute-Nacht-Kirche könnten sein:

- Einstieg (z. B. Kurzgeschichte, Spruch)
- Dia/Photo/Symbol zur bildhaften Darstellung des vorangegangenen Tages
- Moment der Stille (evtl. mit Meditationsmusik)

Von besonderer Bedeutung ist der offene Schluß der Gute-Nacht-Kirche, d. h. jeder Teilnehmer kann den Ort der Gute-Nacht-Kirche dann verlassen, wann er möchte. Aus diesem Grund ist es wichtig, das Ende deutlich zu machen und mit Musik ausklingen zu lassen. Die Dauer des inhaltlichen Teiles sollte 15 Minuten nicht übersteigen. Über mehrere Tage bzw. Abende verteilte Gute-Nacht-Kirchen eignen sich hervorragend, einen bestimmten Themenkomplex in kleinen Schritten anzugehen.

Die goldene Regel für religiöse Angebote:
»Pflicht« ist es, ein Angebot zu machen bzw. zuzulassen, aber das Angebot darf nicht verpflichtend sein!!!

Dieter Barth

Miteinander leben

Vom Miteinander in Freizeiten

Zwei bis drei Wochen lebt ihr gemeinsam in einer Gruppe: Die Kinder/Jugendlichen mit ihren Altersgenossen, mit ihren Freunden, aber auch mit denen, die sie nicht mögen; ihr, die Betreuer, die ihr miteinander Verantwortung tragt, aber auch hin und wieder Meinungsverschiedenheiten austragen müßt; die Kinder/Jugendlichen leben mit euch.
Sympathie und Antipathie spielen in jeder Beziehung eine Rolle. Manche Betreuer sind »beliebter« bei den Kindern als andere. Manche Kinder werden zu »Lieblingskindern«.
Bei allen Unterschieden in der Gruppe der TeilnehmerInnen und LeiterInnen, bei aller Andersartigkeit ist es ein schönes Erlebnis, einen gemeinsamen Urlaub zu gestalten. Vielfältige Erfahrungen können auch über die Freizeit hinaus wirksam sein und Verbindung schaffen.

Natur erleben

Meist sind es die Kinder, die über die Entdeckungen in der Natur noch staunen können! Gebt ihnen die Chance dazu und laßt euch von ihnen anstecken! Ein Spaziergang in der Natur, eine Fahrradtour, eine Wanderung durch die Berge lassen uns Natur entdecken und erleben. Achtet darauf, daß die Umgebung, in der ihr eure Ferien verbringt, nicht verunstaltet wird durch weggeworfenes Papier, durch herumfliegende Cola-Dosen … Ihr habt die Möglichkeit, die Kinder sensibel dafür zu machen, was Umweltschutz, was »Schöpfung« bedeutet. Umwelt- und Naturschutz beginnen dort, wo der Zauber der Natur als etwas Schönes erlebt wird, als etwas, das sich zu erhalten lohnt.
Zu allen Zeiten, in vielen Kulturen und Religionen entdeckten und entdecken Menschen die Spuren Gottes in der Schöpfung. Laßt den Sonnenauf- oder -untergang auf euch wirken, das Rauschen des Wassers, das Grün der Wiesen und Wälder und die Faszination der Berge.

Spielen

Spielen, Rangeln und Wettkämpfe gehören in jedes Ferienlager. Das ist nichts Neues. Wer miteinander spielen kann, wer sich miteinander freuen kann, wird die Feriengruppe als beglückendes Geschenk erleben. Aber auch Spielen muß gelernt sein! Nicht immer muß es beim Spiel darum gehen, daß einige gewinnen und andere verlieren. Beim Spiel sollte keiner bloßgestellt und die Schwächen einzelner nicht ausgekostet werden. Bei einem Spiel, bei dem es Gewinner und Verlierer gibt, sollte immer allen bewußt bleiben, daß es sich dabei um ein Spiel handelt und daß die Freude am Spiel weitaus wichtiger ist als der Gewinn; daß die Freude am Spiel keinen übertriebenen Frust über ein verlorenes Spiel zulassen kann.
Gemeinsam spielen bedeutet immer auch, daß alle – auch die Betreuer – spielen. Spielen ist nicht nur für Kinder. Wohl aber könnt ihr euch bewußt werden, daß euch allen ein Stück Kindheit erhalten geblieben ist, wenn ihr die Freude am Spiel erlebt. Dieses Kindhafte, dieses Unbeschwerte, dieses Ungezwungene kann bei einer solchen Ferienfahrt neu entdeckt werden. Dabei könnt ihr erahnen, was Jesus meint, wenn er uns die Kinder vor Augen stellt und sagt: »Wenn ihr nicht werdet wie die Kinder ...«

Streiten

Kaum eine Freizeit findet ohne Reibereien oder Streit statt. Es wäre unnatürlich, dies unterbinden zu wollen! Ihr erreicht damit oft das Gegenteil. Die Aggressionen steigern sich, und die Verbissenheit wächst. Dies gilt für das Leitungsteam ebenso wie für die Gruppe als auch zwischen Teilnehmern und Leitern. Wichtig ist es, mit Streit umgehen zu lernen, ihn nicht zu verharmlosen.
Sich die Meinung sagen, tut manchmal gut, ein paar harte Worte rauslassen, kann befreien. Wege finden, die wieder zueinander führen, Kompromisse schließen, wieder miteinander den Urlaub genießen, trotz aller Unterschiedlichkeit und trotz des Streites miteinander auskommen, über belastende Probleme sprechen. »Entschuldigung« sagen zu können, führt wieder zur Gemeinschaft und überwindet Spannungen.
Wenn ihr den Kindern helft, miteinander oder auch gegeneinander zu streiten und sich zu versöhnen, wird die Atmosphäre in der Gruppe immer wieder ge-

reinigt werden können und dabei zum Positiven hin wachsen. Die Art und Weise, wie Jesus mit den Menschen umging, zeigt uns den Weg: Er hat die Auseinandersetzung nicht gescheut, dabei jedoch niemanden verurteilt oder acht- und lieblos behandelt.

Essen

Die Mahlzeiten sind keine »Fütterung der Raubtiere«! Niemand braucht seinen Teller so voll zu schaufeln, daß zum Schluß das Übriggebliebene weggeworfen werden muß. Es macht einen Unterschied, ob alle an die Tische stürzen und mit dem Essen beginnen, oder ob ihr das gemeinsame Mahl mit einem Lied oder Gebet einleitet und alle gemeinsam zu essen beginnen. Es macht einen Unterschied, ob ich beim Heranziehen der Gemüseschüssel dem Nachbarn mit meinem Unterarm im Teller hänge, oder ob ich ihn bitte, mir die Schüssel zu reichen. Es macht einen Unterschied, ob die Tische lieblos gedeckt sind oder mit Blumen, Kerzen, selbstgestalteten Tischdecken oder anderem kreativen Tischschmuck – das Auge ißt mit! Mit nur wenigen Hinweisen und einem guten Vormachen werden Kinder und Jugendliche sehr bald merken, daß das gemeinsame Essen in ruhiger und gemütlicher Atmosphäre nicht nur gesünder für den Körper ist, sondern auch die gemeinsamen Ferien verschönert.

Danken

Vieles, was euch in der Freizeit an Schönem und Gutem geschenkt wird, ist nicht selbstverständlich. Dafür können alle froh und dankbar sein. Bitten und Danken ist zu vergleichen mit dem Ein- und Ausatmen, das zusammengehört. Ein »Dankeschön« ermutigt, spornt an, macht froh. Vergeßt also nicht, zu danken bei den vielen sich bietenden Gelegenheiten, z. B.

- bei den Gastgebern;
- bei den Menschen, die für euch kochen;
- für alles, was ihr seht und erlebt;
- für jede kleine Hilfe;
- für alles, was die Teilnehmer zum Gelingen der Freizeit beitragen.
- Danke sagen könnt ihr auch Gott, der eure Gemeinschaft begleitet.

Schweigen

Alles hat seine Zeit – warum sollte es bei Freizeiten nicht auch ein bißchen Zeit für die Ruhe, das Schweigen, für einen Moment der Stille geben? Schweigen ist jedoch nicht gleichzusetzen mit Nichtstun, was die folgenden Tips und Ideen verdeutlichen.

Richtet im Rahmen eurer Freizeit einen Raum/ein Zelt der Stille ein. Dort können Texte, Bücher, Bilder, evtl. auch ruhige Musik, entsprechende Dekoration (z. B. Tücher, Decken oder Matratzen) für Atmosphäre sorgen.

Wir leben in einer Zeit, in der vieles übers Reden geht. Doch auch unsere anderen Sinne (Hören, Sehen, Riechen, Tasten, Schmecken) warten darauf, gebraucht und geschult zu werden. Orte und Gelegenheiten im Rahmen von Freizeitmaßnahmen, die eigenen Sinne zu schulen, gibt es ständig und überall.

Geht z. B. einfach mal eurer Nase nach an Gemüse-, Blumen- oder Fischmarktständen entlang. Bleibt gegebenenfalls stehen, schließt die Augen und gönnt eurem Geruchssinn die alleinige Sinnesherrschaft. Dies könnt ihr dann auch gemeinsam tun: Wenn ihr euch als Menschenkette an den Händen nehmt und immer wieder die Führung wechselt, so werdet ihr feststellen, von welch unterschiedlichen Düften und Gerüchen der jeweils Führende angezogen wird.

- Gönnt euch einmal schweigend einen Spaziergang im Wald oder am Strand entlang und lauscht dem, was um euch herum passiert.
- Wenn ein Teilnehmer dich aufsucht, weil er reden, erzählen oder einfach was loswerden bzw. sich von der Seele reden will, dann bewirkt deine Bereitschaft zuzuhören oftmals mehr als schnelle Erwiderungen, Kommentare, Ratschläge oder das Schildern eigener Erlebnisse. Versuche dich im aktiven, schweigenden Zuhören zu üben, auch wenn's manchmal schwer fällt, dir einen Kommentar zu verkneifen.
- Eine gute Erfahrung kann z. B. das bewußte Schweigen beim Essen sein (z. B. nach einem entsprechenden Text/Lied/Geschichte). Auch hier wird die Verständigung über Gesten möglich sein. Es läßt sich dabei bewußter essen, wahrnehmen und die Stille mit den anderen teilen. Laßt euch nicht aus der Ruhe/ aus dem Schweigen bringen, wenn es mal einen Lacher dazwischen gibt.

Schweigen darf auf keinen Fall erzwungen werden, sondern bedarf der Übung. Probiert's einfach aus – gemeinsam schweigen ist schön und spannend.

Lachen

Lachen ist der kürzeste Weg zwischen Menschen. Albernheit, Kichern, Ausgelassensein, Blödeln, Ulk ... über die Stränge schlagen. Im Urlaub steckt ihr nicht in alltäglichen Zwängen. Nutzt diese Zeit und steckt euch gegenseitig an. Lachen verbindet und hilft Verkrampfungen zu lösen. Spaß muß sein.

Feiern

Zu jeder Ferienfreizeit gehört das gemeinsame Feiern, Stimmung bei fetziger Musik, bei der Lagerdisco, bei gemeinsamen Feten und bei der Feier der Geburtstagskinder bis hin zur Abschiedsfete am letzten Abend. Beim Feiern kommt es darauf an, daß sich möglichst viele Teilnehmer und Reiseleiter einbringen können, so z. B. bei der Vorbereitung der Speisen und Getränke, bei der Gestaltung des Raumes, bei der Auswahl der Musik, durch Kostümieren ... Darüber hinaus gibt es auch andere Anlässe, bei der eine Gruppe Grund zum Feiern hat: Versöhnung kann gefeiert werden. Der Gottesdienst ist ein Fest. Wenn auch viele oft weniger gute Erfahrungen mit Kirche und Gottesdienst gemacht haben, so kann ein gemeinsam vorbereiteter und in der Gemeinschaft erlebter Gottesdienst zu einem wirklichen Fest werden.

Beten

Das Gebet verliert an Verständnis, weil damit meist eine in formelhaften Texten ausgedrückte Pflichtübung verstanden wird. Gebt den Kindern und Jugendlichen die Gelegenheit, auszusprechen, was sie bewegt. Hört ihnen zu, wenn sie sagen wollen, was sie glücklich oder traurig macht, was sie begeistert und was sie frustriert, was sie kritisieren und wofür sie sich bedanken. Je nach Gruppe und je nach Umständen kann dies dann auch im direkten Gespräch mit Gott geschehen; im Morgenlob, im Tischgebet oder im Dankgebet am Abend.

aus dem BAG-Reiseleiterhandbuch

Standbild zur Klärung einer Gruppensituation

Nach drei Tagen haben sich auf Freizeiten, sowohl bei den LeiterInnen als auch bei den TeilnehmerInnen Freundes- oder Sympathiekreise gebildet. Dies ist normal und doch schwierig für diejenigen, die plötzlich alleine dastehen. Um hier neue Orientierungsmöglichkeiten zu bieten, haben wir auf unserer Freizeit der KJG-St. Hedwig in Möhringen folgendes ausprobiert:

Wir haben uns einen Vormittag Zeit genommen, um das anstehende Thema »Gemeinschaft« zu bearbeiten. Zuerst als Einstieg ins Thema haben wir ein Standbild inszeniert. Wir haben eine Freizeitsituation geschildert: »Stellt euch vor, Ihr fahrt auf eine Freizeit …« Dann haben wir verschiedenen Teilnehmern typische Charaktere zugeordnet (Außenseiter, Leiter, Freundeskreis A, …). Dabei mußten wir natürlich gefühlvoll die einzelnen Rollen besetzen. Danach haben wir die Kids gebeten, sich in ihre Rolle hineinzuversetzen und einen ihrer Persönlichkeit angemessenen Platz im Raum einzunehmen. Die gespielte Freizeitsituation von oben haben wir weiter ausgebaut und verschiedene Problempunkte unserer Freizeit, natürlich bewußt überspitzt, eingebaut. (Beispiel: Die Gruppe A macht einen Witz, den der Außenseiter nicht versteht.) Dann haben wir die verschiedenen Charaktere nach ihren Gedanken und Gefühlen, jeweils natürlich in ihrer Rolle, und dem, was sie in den verschiedenen Situationen tun würden, befragt. Unser Standbild hat sich so, zusammen mit den Ideen der Kids, immer weiter entwickelt und sehr gut zum Denken angeregt. Nach den allgemeinen Fragen: Was erwartest du von einer guten Gemeinschaft? Was könnte man bei uns verbessern? (bei uns mit Zetteln beantwortet), ging es weiter mit einem Gottesdienst. Verschiedene Gruppen haben die einzelnen Teile des Gottesdienstes zum Thema Gemeinschaft vorbereitet (angefangen von der Raumdekoration über Lieder, Gebete, Texte und einer Zusammenfassung der Fragen von oben bis zum Brechen des Brotes).
Ich denke, manches davon könnte man auch auf anderen Freizeiten verwenden, da sich das Ganze sehr schön auf die jeweilige Gruppensituation bzw. Thematik zuschneiden läßt. Bei uns hat der Vormittag gut geklappt, die Kids wurden teilweise erstaunlich nachdenklich, und auch im Lauf der weiteren Freizeit haben wir immer wieder Verhalten contra Grüppchenbildung und pro gegenseitige Toleranz bemerkt.

Wolfgang Eisele

Unterwegs mit anderen – zu anderen

Ich möchte mich gerne mit dir auf den Weg machen, weil …

- mich deine Art, dein Verhalten, dein Aussehen, deine Meinung etc. interessiert, reizt, anzieht;
- ich dich noch nicht (so gut) kenne und jetzt einen Schritt dazu tun will;
- ich dich zwar schon kenne (Gruppe, Gemeinde, Kurs …), aber noch nie alleine mit dir unterwegs war;
- ich dich gut kenne und dort weitermachen/weitergehen will.

Unsere Wünsche für eure gegenseitige Weggefährtenschaft …

- ich nehme mir Zeit für den/die, der/die mit mir geht;
- ich höre zu bzw. versuche, es zu lernen;
- ich lasse sie/ihn ausreden;
- ich möchte mutig sein, etwas von mir zu erzählen, das mich bewegt;
- dabei bohre ich nicht, weder bei mir noch beim anderen, und akzeptiere meine und ihre/seine Grenzen;
- ich möchte versuchen, das Erzählte ohne eine schnelle Wertung zunächst zu hören, aufzunehmen und in mir wirken zu lassen;
- ich orientiere mich in meinem Rhythmus, meinem Tempo beim Gehen an mir und versuche, mit dem/der anderen einen gemeinsamen Rhythmus zu finden (mal Halt machen, neu orientieren …).

Dieter Barth

Fremde Menschen, fremde Länder

Für viele von uns faszinierend und reizvoll. Wir sind neugierig, wollen mal raus aus dem Gewohnten, Neues kennenlernen und ausprobieren.
Aber manchmal auch bedrohlich, da unvertraut, unbekannt. Wir wissen nicht, wie uns verhalten, sind unsicher – bleiben oft lieber im Vertrauten.

Fremdes in uns selbst – nehmen wir es wahr, macht es uns Angst, fordert es uns heraus, uns neu kennenzulernen?
Wir wollen Wege ausprobieren, mit Fremden/m umzugehen – Fremden/m in uns und um uns herum. Vielleicht beginnen wir zu ahnen, daß aus Fremden auch Freunde werden können.

Kerstin Seibel

Fremdenhaß ist natürlich. Er entspringt unter anderem der Angst, daß andere in dieser oder jener Richtung begabter sein könnten: Jedenfalls sind sie anders begabt, beispielsweise begabter in Lebensfreude, glücklicher. Das weckt Neid, selbst wenn man der Bessergestellte ist, und Neid ist erpicht auf Anlässe für Geringschätzung ... Daß die Südländer schmutzig sind, das ist eine Hoffnung, dann sind wir, wenn wir in dieser Welt nicht singen, dafür wenigstens sauberer, aber nicht einmal diese Hoffnung bestätigt sich ohne weiteres: Ein Landarzt versichert mir, daß die Italiener, im Gegensatz zu den einheimischen Kunden, mit gewaschenen Füßen kommen ... Es braucht wenig, daß man, um sich die Selbstprüfung zu sparen, zu Verurteilungen übergeht: Das Fremde als das Schlechtere. Insofern ist jede Messerstecherei eigentlich willkommen; da sieht man's wieder, daß man besser ist.

Max Frisch

Spiele(n) für eine multikulturelle Gesellschaft

Die Ballonreise – Ein interkulturelles Begrüßungsspiel

Gruppengröße:	8–200 TeilnehmerInnen
Alter:	Kinder, Jugendliche und Erwachsene
Ziele:	Kennenlernen, Warming-up; andere Kulturen und Bräuche kennenlernen;
Material:	Kassettenrecorder; Kassette mit Musik aus den verschiedenen Ländern und mit der Ballonreise-Musik; Glocke
Zeit:	ca. 30 Minuten

Spielverlauf

Die Teilnehmer stehen in einem großen Kreis, und der Spielleiter erklärt, daß sie im Korb eines großen Zauberballons stehen, der gleich in die Luft aufsteigt und sie schnell zu den verschiedenen Ländern bringen kann.

Während der Ballonfahrt wird immer die gleiche Musik eingespielt, bei den Landungen ertönt Musik aus dem jeweiligen Land.

Der Spielleiter gibt bei der Landung kurze Informationen darüber, wo man sich gerade befindet (s. Spielanleitung) und zeigt, wie man sich in diesem Land mit Wort und Gestik begrüßt.

Er fordert die Teilnehmer dann auf, sich gegenseitig ebenso zu begrüßen (dabei kreuz und quer durch den Raum gehen und nicht im Kreis stehen bleiben!).

Das Ende des Landaufenthaltes wird durch das Einsetzen der »Ballon-Musik« deutlich. Es empfiehlt sich aber, zusätzlich eine Glocke zu läuten, da die Begrüßungen oft sehr lebhaft und lautstark sind und von viel Gelächter begleitet werden, so daß die Ballon-Musik leicht untergeht.

Manchmal schwankt der Ballon ein wenig, und wir schaukeln leise mit, wir können uns auch bei unseren Nachbarn festhalten, wenn es uns schwindelig wird (Hände auf die Schultern legen).

Da taucht eine kleine Insel im Meer auf, der wir uns nähern – der Ballon stoppt genau über der Insel und schwebt ganz langsam und sanft nach unten ....
(Ballonmusik stoppt)

Wir sind auf der Ewigen Ferieninsel gelandet.

1. Ewige Ferieninsel
Dies ist eine Insel, auf der die Menschen immer Muße und Ruhe haben. Es gibt aber einen Marktplatz, wo sich alle Menschen als Erinnerung an ihr früheres hektisches Leben ganz schnell die Hand geben und fragen: »Guten Tag, wie geht's?« So vielen wie möglich und so schnell wie möglich – und sich dabei anteilnehmend in die Augen sehen.

Ballon-Musik

Wir fliegen weiter und merken, wie es immer wärmer wird ...

2. Indien
Wir sind in Indien gelandet und begrüßen die Menschen, die uns begegnen, auf landesübliche Art: Wir legen die Hände zur indischen Grußhaltung vor der Brust zusammen und sagen: Namaste (Betonung auf der letzten Silbe), was man übersetzen kann mit: »Ich grüße das Licht in dir.«

Ballon-Musik

Nun wird es merklich kälter ...

3. Japan
Wir landen früh morgens um 4 Uhr auf einem schneebedeckten Hügel in Japan direkt neben einem Zen-Kloster. Die Mönche werden gerade mit Trommeln zur Frühmeditation gerufen. Sie kommen in ihren schwarzen Kimonos und ihren kahlgeschorenen Köpfen schnell in den Zendo, den Meditationsraum, den sie nach bestimmten Ritualen betreten. Sie haben nur wenig Zeit, sich auf ihr rundes, schwarzes Kissen zu setzen und dann unbeweglich sitzen zu bleiben, sowie der Gong ertönt. Dann beginnen sie die Morgen-Sutren zu rezitieren ... Wir setzen uns ebenso hin und hören eine Weile zu ... Dann erheben wir uns leise, gehen hinunter in den nächsten Ort und grüßen die Menschen dort:
Hände flach auf die Oberschenkel legen, in der Hüfte einknicken und mit geradem Oberkörper verbeugen, dabei lächeln und sagen: »Sajonara Peter-san.« (Oder wenn wir im alten Japan zu Samurai-Zeiten gelandet sind: Konishiwa).

Ballon-Musik

Es wird sehr warm und wir landen in ...

4. Afrika

Während der Ballon nach unten schwebt, hören wir schon die rhythmischen Trommeln. Wir fühlen uns ermuntert, uns danach zu bewegen. Es ist ein mitreißender, fröhlicher Rhythmus. Wenn wir anderen Menschen begegnen, spielen wir mit ihnen ausgiebig das Begrüßungsritual, das sehr vielfältig und variabel ist.

Hand nehmen und schütteln, dann mit den Fingern, die zu einer Kralle geformt sind, verhaken, anschließend sich gegenseitig seitlich auf die Handinnenflächen schlagen und das Ganze wieder von vorn ... Frauen begrüßen wir mit »Jambo bibi« und Männer mit »Jambo bwana«.

Ballon-Musik

5. Frankreich

Nun sind wir in Frankreich – und natürlich in Paris gelandet. Hier treffen wir die unterschiedlichsten Leute. Wir begrüßen uns mit angedeuteten oder echten Umarmungen, Küssen auf die Wange oder in die Luft – je nachdem, wie wir zueinander stehen oder wie uns zumute ist.

Ballon-Musik

6. Arabien

Wir landen in der arabischen Wüste, nicht weit von einer Oase entfernt, denn wir können in der Ferne den Ezan hören, den islamischen Gebetsruf, der fünfmal am Tag ertönt und die Menschen zum Gebet auffordert oder in die Moscheen ruft. Wir hören eine Weile zu und gehen dann weiter bis zur Oase und grüßen die Menschen dort mit »Salam« (»Friede«), indem wir unsere rechte Hand nacheinander an die Stirn, die Lippen und die Brust führen und dann den Arm in einer weit ausholenden Bewegung seitlich nach hinten führen, »Salam« sagen und uns dabei verbeugen. (Für Kenner: Film Lawrence von Arabien!)

Ballon-Musik

7. Tibet
Wieder sind wir auf Schneebergen gelandet, aber diesmal in Tibet. Die Sonne scheint, und die Menschen sitzen vor ihren Häusern und lachen uns freundlich an. Zur Begrüßung zeigen sie uns ihre Zungen, die im Mund nach hinten gerollt sind. Damit zeigen sie, daß sie nicht von einem Dämon befallen sind, der die Zungen schwarz färbt. Wir grüßen natürlich genauso freundlich zurück.

Ballon-Musik

8. Amerika
Da die Menschen hier wenig Zeit haben, geht die Begrüßung schnell und wir fliegen direkt weiter. Begrüßung: Nach freier Wahl!

Ballon-Musik

9. Türkei
Nun kommen wir in ein Land, in dem viele Feste gefeiert werden, die sich oft über Tage hinziehen. Wir haben Glück: Es findet gerade eine türkische Hochzeit statt, bei der natürlich lecker gegessen, getrunken und getanzt wird. Wir tanzen eine Weile mit ... Dann gehen wir weiter und schauen uns im Ort um.
Wir begrüßen uns mit »Merhaba«, wenn es Bekannte oder Gleichaltrige sind, wenn es Autoritätspersonen (ältere Verwandte, Höhergestellte) sind, führen wir den türkischen Handkuß aus: Man nimmt die Hand des anderen und führt sie erst an die Lippen, dann an die Stirn und sagt »Merhaba« (Guten Tag – oder hallo, mit gerolltem »r«).

Ballon-Musik

10. Rußland
Wir landen in der eiskalten russischen Steppe. Es ist gerade ein Feiertag, und wir hören eine russisch-orthodoxe Liturgie. Anschließend wird dann gefeiert, gesungen, getrunken und getanzt. Wir mischen uns unter die Feiernden und tanzen den »Säbeltanz«. Schon wird es uns warm, und Sprachbarrieren spielen auch keine Rolle mehr ...

Ballon-Musik

Und wieder nähern wir uns einem Land, in dem gerne und viel gefeiert wird. Vielleicht haben wir wieder Glück und es ist auch hier ein Feiertag?

11. Griechenland
Einerseits haben wir Glück, denn es ist tatsächlich ein Feiertag und zwar Ostern. Andererseits sind wir auf dem Berg Athos gelandet, und Touristen ist das Betreten des heiligen Berges verboten. Wir hören die Mönche gerade die Vesper am Ostersonntag singen und schleichen uns ganz leise wieder in unseren Ballon, um einen zweiten Versuch zu starten. Wir landen diesmal auf einer Insel, wo gerade ein langtägiges Fest im Gange ist. Wir tanzen natürlich mit ... und falls wir noch dazu kommen, grüßen wir die Menschen mit »Jassu« (mit langem »a«), d. h. soviel wie Hallo und paßt fast immer. Ansonsten mit »Kalimera« (Guten Morgen) oder »Kalispera« (Guten Abend).

12. Nordamerika
Als ganz besonderen Abschluß besuchen wir zuletzt noch Indianer, die mit uns in der Natur einen ihrer Tänze aufführen. Da es dort (zum Glück) keinen Kassettenrecorder gibt, singen wir selber dazu: Hey hey hey hey hey ungo wa. (Die Tanzschritte lassen sich leider auf dem Papier nicht vermitteln.)

Musik
Entscheidend bei diesem Spiel ist die Musik. Sie muß nicht immer hundertprozentig aus dem jeweiligen Land sein, sollte aber doch möglichst die Stimmung treffen. Die Musikstücke werden in der Reihenfolge auf eine Kassette gespielt, jeweils mit Abschnitten der Ballon-Musik dazwischen. Es kommt nie so genau hin, daß alle mit der Begrüßung fertig sind, wenn die entsprechende Musik eines Landes zu Ende ist. Dann muß der Spielleiter jeweils wieder zum Einsteigen auffordern und auch öfter mal zum Kassettenrecorder laufen und die Musik stoppen bzw. weiterlaufen lassen.
Hier einige Tips, welche Musik ich verwendet habe:
Ballonmusik: Schallplatte Camera obscura
Indien: Indische Musik
Japan: 1. The Sound of zen ... International Daibosatsu Zendo, 2. Japanische Flötenmusik

Afrika: Trommelmusik von Mustapha Tettey Addy
Frankreich: Serge Reggiani
Arabien: 1. Ezan – Türmata III., Musik der Derwische, 2. Arabische Musik/Bauchtanzmusik
Tibet: Es gibt z. B. Kassetten mit tibetischen Gongs, ich habe eine Kling-klong-Musik aus Bali genommen.
Amerika: freie Wahl
Türkei: Es gibt Kassetten mit Hochzeitstänzen, in türkischen Läden nachfragen.
Rußland: »Säbeltanz« aus »Gajaneh« von Katschaturian
Griechenland: 1. Ostern auf dem Berg Athos, Archiv Produktion (Platte), 2. Griechische Tänze

Zamyat M. Klein

Märchen vom Auszug aller »Ausländer«

Es war einmal, etwa drei Tage vor Weihnachten, spät abends. Über den Marktplatz der kleinen Stadt kamen ein paar Männer gezogen. Sie blieben an der Kirche stehen und sprühten auf die Mauer »Ausländer raus« und »Deutschland den Deutschen«. Steine flogen in das Fenster des türkischen Ladens. Dann zog die Horde ab. Gespenstische Ruhe. Die Gardinen an den Bürgerhäusern waren schnell wieder zugefallen. Niemand hatte etwas gesehen.

»Los, kommt, es reicht, wir gehen.«

»Wo denkst du hin! Was sollen wir denn da unten im Süden?«

»Da unten? Das ist immerhin unsere Heimat. Hier wird es immer schlimmer. Wir tun, was an der Wand steht: ›Ausländer raus!‹«

Tatsächlich, mitten in der Nacht kam Bewegung in die kleine Stadt. Die Türen der Geschäfte sprangen auf: Zuerst kamen die Kakaopäckchen, die Schokoladen und Pralinen in ihren Weihnachtsverkleidungen. Sie wollten nach Ghana und Westafrika, denn da waren sie zu Hause.

Dann der Kaffee, palettenweise, der Deutschen Lieblingsgetränk! Uganda, Kenia und Lateinamerika waren seine Heimat. Ananas und Bananen räumten ihre Kisten, auch die Trauben und Erdbeeren aus Südafrika. Fast alle Weihnachtsschleckereien brachen auf, Pfeffernüsse, Spekulatius und Zimtsterne, die Gewürze in ihrem Inneren zog es nach Indien. Der Dresdener Christstollen zögerte. Man sah Tränen in seinen Rosinenaugen, als er zugab: Mischlingen wie mir geht's besonders an den Kragen. Mit ihm kamen das Lübecker Marzipan und der Nürnberger Lebkuchen. Nicht Qualität, nur Herkunft zählte jetzt.

Der Verkehr brach an diesem Tag zusammen. Lange Schlangen japanischer Autos, vollgestopft mit Optik und Unterhaltungselektronik, krochen gen Osten. Am Himmel sah man die Weihnachtsgänse nach Polen fliegen, auf ihrer Bahn gefolgt von den feinen Seidenhemden und den Teppichen des fernen Asiens. Man mußte sich vorsehen, um nicht auszurutschen, denn von überall quollen Öl und Benzin hervor, flossen aus Rinnsalen zu Bächen zusammen in Richtung Naher Osten. Aber man hatte ja Vorsorge getroffen. Stolz holten die großen deutschen Autofirmen ihre Krisenpläne aus den Schubladen: Der Holzvergaser war ganz neu aufgelegt worden. Wozu ausländisches Öl?! – Aber die VWs und die BMWs begannen sich aufzulösen in ihre Einzelteile, das Aluminium wanderte nach Jamaika, das Kupfer nach Somalia, ein Drittel der Eisenteile nach Brasilien, der Naturkautschuk nach Zaire. Und die Straßendecke hatte mit dem ausländischen Asphalt im Verbund auch immer ein besseres Bild abgegeben als heute. Nach drei Tagen war der Spuk vorbei, der Auszug geschafft, gerade rechtzeitig zum Weihnachtsfest. Nichts Ausländisches war mehr im Land. Aber Tannenbäume gab es noch, auch Äpfel und Nüsse. Und »Stille Nacht« durfte gesungen werden – zwar nur mit Extragenehmigung, denn das Lied kam aus Österreich. Nur eines wollte nicht ins Bild passen. Maria, Josef und das Kind waren geblieben. Drei Juden. Ausgerechnet. »Wir bleiben«, sagte Maria, »wenn wir aus diesem Land gehen – wer will ihnen dann noch den Weg zurück zeigen, den Weg zurück zur Vernunft und zur Menschlichkeit?«

Helmut Wöllenstein

Guten-Morgen-Kirche zum Thema: Gemeinschaft

Kreis aus Bänken. Kiste mit Liederbüchern in der Mitte.

Lied: »Einsam bist du klein«

Geschichte: Die kleine Schraube
Eine kleine Schraube sitzt in einem riesigen Panzerschiff mit tausend anderen Schrauben und hält zwei Stahlplatten zusammen. Eines Tages sagt die Schraube: »Ich will es mir ein bißchen bequem machen; das ist ja meine eigene Sache und geht niemand etwas an!« Aber als die anderen Schrauben hören, daß da eine etwas locker werden will, da protestieren sie und rufen: »Bist du verrückt? Wenn du herausfällst, dann wird es nicht lange dauern, bis auch wir herausfallen.« Zwei größere eiserne Rippen schlagen auch Alarm: »Um Gottes willen, haltet die Platten zusammen, denn sonst ist es auch um uns geschehen.« In Windeseile geht das Gerücht durch das ganze Schiff: »Die kleine Schraube hat was vor!« Alles ist entsetzt. Der riesige Körper des Schiffes ächzt und bebt in allen Fugen. Und alle Rippen, Platten und Schrauben senden eine gemeinsame Botschaft an die kleine Schraube und bitten sie, nur ja an ihrer Stelle zu bleiben, sonst werde das ganze Schiff untergehen, und keiner werde den Hafen erreichen.

Willi Hoffsümmer

Spiel: Wir alle sind dieses Schiff. Wir halten uns an den Händen fest zusammen. Eine(r) von uns möchte sich aus dem Gesamtgefüge trennen und versucht sich zu lösen. (Das Schiff droht auseinanderzubrechen.) Die anderen überlegen sich Botschaften und Argumente, warum die »kleine Schraube« bleiben soll, und geben es an sie weiter. Das Schiff gerät in Bewegung, alle flüstern ihre Botschaften weiter, schließlich wird es ganz still, bis die kleine Schraube sagt: Okay, ich bleibe!

Lied: Kindermutmachlied

Gebet: Lieber Gott, zu Hause, da bin ich oft allein. Keiner hat Zeit für mich. Aber hier gefällt es mir echt gut. Da sind viele andere Kinder, mit denen man tolle Sachen machen kann. Natürlich gibt es auch manchmal Streit. Dann sieht man ein Kind traurig irgendwo alleine herumsitzen. Hilf uns, daß wir so etwas merken, hingehen und sagen: Komm, spiel mit! Alleinesein macht keinen Spaß. Amen.

Lagergottesdienst zum Thema: Brücken verbinden Menschen und Kontinente

Lied: »Brücken bauen«

Tanz: Einige Mädchen tanzen auf eine moderne Musik (Techno, Rap), aber nur kurz. Im Gegensatz dazu haben wir einen »afrikanischen Tanz« einstudiert, der dann beim Gottesdienst mit den Mädchen vorgeführt wurde.

Lied: »Laudato si« (alle Strophen)

Modenschau: Die Kinder haben sich überlegt, wie Menschen in Afrika und wie sie in Europa gekleidet sind. An verschiedenen Beispielen wollen sie es deutlich darstellen, z.B. ein Brautpaar, beim Einkauf, beim Arbeiten, in der Disco. Sie zeigen immer Afrikaner und Europäer.

Lied: »Singt dem Herrn alle Völker und Rassen«

Brückenbau: Aus Brettern, Kisten und Kartons bauen die Kinder eine Brücke. Eine Brücke, die Menschen und Kontinente verbinden soll. Auf diese Brücke wird ein großes weißes Tuch gelegt, so entsteht dann unser Altar.

Trommeln: Die Kinder trommeln auf verschiedenen Trommeln ein Stück.

Lied: »Die Sache Jesu braucht Begeisterte«

Wasser holen: Es werden zwei Eimer, einer mit Wasser und einer ohne Wasser aufgestellt. In den einen Eimer werden 45 mit Wasser gefüllte Becher geschüttet. Der andere Eimer soll auch mit 45 wassergefüllten Bechern gefüllt werden. Nur muß dieses Wasser von den Kindern erst vom Bodensee geholt werden. Vorher wurde von zwei Kindern gezeigt, wie man in Afrika das Wasser trägt.

45 Becher werden ausgeteilt, und die Kinder müssen sie mit Wasser vom Bodensee füllen. Es soll deutlich gemacht werden, wieviel Wasser wir verschwenden und verschütten.
Als Ergebnis kam heraus, daß sehr viel Wasser verschüttet wurde und der Wasserstand bei den Eimern am Schluß nicht gleich war.

Fürbitten: (von Kindern zusammengestellt und vorgetragen)

1. Wir bitten für die Kinder in Afrika, daß auch sie so schöne Dinge erleben können, wie wir hier im Zeltlager.
2. Für die Menschen in Afrika ist Wasser etwas sehr Kostbares. Oft müssen sie es von weit her holen. Hilf uns, daß wir sorgsam und sparsam mit dem Wasser umgehen.
3. Wir haben gesehen und erlebt, daß in Afrika vieles anders ist als hier bei uns. Hilf uns, daß wir uns gegenseitig annehmen und die Unterschiede als Bereicherung sehen können.

Lied: Polnisches Friedenslied

Kommunion: Jeder Betreuer bekommt ein Stück selbstgebackenes Fladenbrot, das er mit einer Gruppe von fünf Kindern teilt.

Abschlußworte: Gedanken vom Lagerpfarrer

Gemeinsames Mittagessen: Hirsebrei (afrikanisch)

Josef Wiedersatz

Guten-Morgen-Kirche zum Thema: Entschuldigung

Einstieg: Buchstaben und Silben des Wortes Entschuldigung werden durcheinander im Kreis ausgelegt. Die Kinder sollen daraus das Wort Entschuldigung herausfinden und legen.
E N T S C H U L D I G U N G
Wir sprechen darüber, was das Wort bedeutet. Die Kinder nennen Beispiele, wofür man sich entschuldigt.

Lied: »He, du, mich drückt der Schuh«

Text (männlicher Leser, überheblicher Ton):
Na ja, eigentlich habe ich es gar nicht nötig, mich zu entschuldigen. So schlimm war das ja überhaupt nicht. Andererseits sind die Leute heutzutage recht empfindlich, da wird einem leicht etwas nachgesagt, was man gar nicht so gemeint hat, und bevor ich mir sowas nachsagen lasse, entschuldige ich mich eben, was soll's? Ist ja halb so schlimm, mir tut's nicht weh, ich brech mir keinen ab. Sicher ist sicher, man will ja mit allen auskommen, und außerdem könnte es ja sein, daß ich mal etwas von ihr brauche, dann ist es besser, wenn die Sache erledigt ist. Nichts für ungut!

Kurze Stille

Antworttext (andere Leserin):
Mein Gott, was soll denn nun dieses Getue! Veranstaltet hier einen Rummel, und tut so, als sei nichts gewesen. Was bildet der sich ein? Meint der vielleicht, weil es ihm passiert ist, ist es nicht so schlimm? Der scheint ja sehr von sich überzeugt zu sein! Dieses »Geprotze«! Und der Ton dazu! Nun zieht er die Schuld noch ins Lächerliche! Sucht die Schuld noch an mir! Glaubt der, immer alles abschieben zu können? Nur, um gut dazustehen! Was soll jetzt sein gesagtes »Entschuldigung«. Meint er, mit so einem dahingesagten Entschuldigung sei alles erledigt??? Ist es nur »Show« von ihm, damit er vielleicht seine Ruhe hat? Oder damit er vor anderen gut dasteht? Wie zeigt er mir seine Entschuldigung? Für mich gehört da noch mehr dazu!!! Mit dem Sagen ist es nicht getan: Was tut er dafür!? Wie geht er sonst mit seiner »Schuld« um? Wie geht er mit anderen um?! Er hat mich verletzt. Die Verletzung sitzt sehr tief. Das sollte er merken! Er verletzt mich auch in meinen Gefühlen und stellt mich als »Weichi« dar! Woher weiß ich, daß er es ernst meint? Wie zeigt er es mir? Für mich ist das kein Wort, das man einfach mal so sagt, weil es vielleicht der andere erwartet! Wie würde er reagieren, wenn ich mich so verhalten würde??? Wie beachtet er nächstes Mal seine »Schuld«! Meint er die Schuld wird kleiner oder rückt von ihm ab, wenn er sich entschuldigt?
»Trampelt« er dadurch nicht noch mehr auf meinen Gefühlen herum, weil ich zu spüren glaube, daß er es nicht ernst meint!?

Lied: »Manchmal feiern wir«

Gebet:

Wir loben die kleinen Schritte.
Den Mann, der das voreilige Wort nicht ausspricht.
Die Stimme, die sagt: Pardon, ich bin schuld.
Die über den Zaun des lästigen Nachbarn gestreckte Hand.

Wir loben die kleinen Schritte.
Die Faust in der Tasche?
Die nicht zugeschlagene Tür.
Das Lächeln, das den Zorn wegnimmt.

Wir loben die kleinen Schritte.
Das Gespräch der Regierungen.
Das Schweigen der Waffen.
Die Zugeständnisse in den Verträgen.

Wir loben die kleinen Schritte.
Die Stunde am Bett des Kranken.
Die Stunde der Reue.
Die Minute, die dem Gegner Recht gibt.

Wir loben die kleinen Schritte.
Den kritischen Blick in den Spiegel.
Die Hoffnungen für den anderen.
Den Seufzer über uns selbst.

Josef Wiedersatz

Guten-Morgen-Kirche zum Thema: Alle Kinder dieser Erde sollen gute Freunde werden

Lied: »Miteinander« von Zupfgeigenhansel

Kyrie: Manchmal streiten wir miteinander,
trotzdem wollen wir wieder gute Freunde sein.
Herr, erbarme dich.

Oft wollen wir alles für uns behalten und nicht miteinander teilen.
Herr, erbarme dich.

Oft kommt es vor, daß wir manche Kinder nicht mitspielen lassen.
Herr, erbarme dich.

Lied: »Laßt uns miteinander«

Fürbitten: Kinder, die gekleidet sind wie die Menschen anderer Nationen, tragen ihre Fürbitten vor.

1. Lieber Gott, im Zeltlager sind so viele Kinder, hilf uns, daß wir gute Freunde werden.
2. Wir danken dir für unsere Eltern, die für uns da sind und für uns sorgen. Gib uns die Fröhlichkeit, daß sie sich an uns freuen können.
3. Manchmal haben wir Probleme und Ängste. Hilf uns, daß wir uns mit unseren Betreuern gut verstehen.
4. In vielen Ländern auf unserer Erde gibt es Krieg, laß die Menschen lernen, daß man Probleme auch ohne Waffen lösen kann.
5. Viele Menschen arbeiten und helfen hier im Zeltlager, laß sie gesund bleiben und beschütze sie.

Lied: »Danke«

Josef Wiedersatz

Gottesdienst zum Thema: Ich habe Angst

Lied: »In Ängsten die einen«

Begrüßung/Einleitung

Leiter: Zwei Personen abwechselnd: Was ist eigentlich Angst?

1 Angst? Angst ist ein unheimliches Gefühl. Man kann es einfach nicht erklären. Man möchte dann nicht alleine sein.

2 Es kann sein, daß ein ausländisches Kind Angst hat, weil es unsere Sprache nicht versteht. Ich sage zu ihm: Du brauchst keine Angst zu haben. Ich gebe dir die Hand.
1 Manchmal hat ein Kind Angst auf der Straße, weil die Autos so rasen.
2 Oder ein Junge verirrt sich in der Stadt. Er hat Angst.
1 Oder ein Kind geht zum ersten Mal ins Schwimmbad. Es hat Angst.
2 Manchmal hat ein Kind auch Angst in der Schule.
1 Oder ein Kind kommt neu in die Klasse.
Wir sagen zu ihm: du brauchst keine Angst zu haben, und nehmen es an der Hand.
2 Ein Kind ist allein. Es hat Angst, weil niemand da ist.
1 Ich gehe zu ihm und nehme es an der Hand.

Lesung
Ich gebe zu, ich habe Angst.
Ich habe versucht, meine Angst zu verstecken.
Ich habe versucht, selbstsicher aufzutreten,
um meiner Umgebung zu zeigen, wer ich bin.
Ich habe mich nicht preisgegeben:
Ich habe zwar Informationen weitergegeben,
mich selbst aber aus allen Gesprächen
und jeder Stellungnahme herausgehalten.
Ich habe nie richtig zugehört,
ich habe nur registriert.

Ich gebe zu, ich habe Angst.
Ich habe Angst, die Menschen könnten mein Wort mißbrauchen.
Ich habe Angst, mein Vertrauen könnte jemanden
verführen, mich zu erpressen.
Im Grunde vertraue ich niemandem, auch mir selbst nicht.
Es ist mir zu riskant, auf andere zu bauen.
Ich kenne zu viele, die für ihr Vertrauen gebüßt haben.

Ich gebe zu, ich habe Angst.
Denn ich habe zu wenig Menschen, die mich lieben,
die mir Freundliches sagen.

Ich habe Angst um meinen Arbeitsplatz.
Ich habe Angst, meinem Chef unangenehm aufzufallen.
Ich habe Angst vor Menschen mit einer eigenen Meinung.

Ich habe Angst vor Menschen,
die sich gegen das Unrecht zur Wehr einsetzen,
weil sie mir meine Feigheit bewußt machen.

Ich habe Angst vor einem Mann namens Jesus von Nazaret,
denn er hat etwas getan,
was ich an seiner Stelle nie gemacht hätte.

Lied: »Du bist das Licht der Welt«

Evangelium:
Mt 8,23–27 oder Joh 10,11–18

Kyrie:
Zwischengesang: »In Ängsten die einen« (nur Kyrie)
1. Wir haben Angst, daß ein uns vertrauter Mensch stirbt. Aber so schlimm es auch sein mag, wir wissen, daß die Erinnerung an ihn erhalten bleibt.
2. Wir haben Angst vor der Zukunft, denn immer wieder werden wir den Gefahren durch die Umweltverschmutzung ausgesetzt.
3. Die Hautfarbe, Herkunft, Sprache, Bräuche und Gewohnheiten spielen bei jedem Menschen eine Rolle, doch leider werden »Fremde« von vielen Menschen schlecht behandelt. Vor Gott jedoch sind alle Menschen gleich.

Tagesgebet:
Manchmal fürchten wir uns, Jesus.
Dann möchten wir gerne fortlaufen.
Aber manchmal können wir die Angst auch überwinden.
Dann freuen wir uns nachher.
Danke, Herr Jesus, daß wir Eltern haben.
Zu ihnen können wir gehen, wenn wir uns fürchten.
Danke, daß wir unsere Angst ruhig zugeben dürfen.

Danke, daß es auch Freunde gibt, die uns dann verstehen
und zu uns halten.
Danke, Jesus, daß du uns auch liebst, wenn wir uns fürchten.
Amen.

Predigt

Glaubensbekenntnis

Fürbitten:

1. Gott, du weißt, daß wir manchmal Angst haben. Oft ist das unsere Schuld. Wir haben ein schlechtes Gewissen oder Angst vor Strafe. Wir möchten uns bessern und wieder froh sein. Gib du uns Mut und Kraft.
2. Für alle jungen Menschen, die sich vor den Problemen und Schwierigkeiten, die auf sie zukommen, fürchten: daß sie sie mit Zuversicht und Mut zu bewältigen versuchen.
3. Für alle, die von Angst gequält, am Leben zu zerbrechen drohen oder die ihre Angst mit Alkohol oder Drogen bekämpfen wollen: daß sie verstehende liebende Mitmenschen finden, die ihnen helfen, den Weg zurück zu finden.
4. Gott, alle Menschen haben Angst vor irgendetwas oder vor anderen. Schicke ihnen durch deinen Geist Menschen, die ihnen helfen und die sie trösten.
5. Manchmal haben wir selbst große Angst. Dann sind wir mutlos und können nichts wagen. Erinnere uns daran, daß du uns nie im Stich läßt, daß du immer bei uns bist.

Gabenbereitung

Lied: »Wenn jeder gibt, was er hat«

Gabengebet:
Wir haben den Tisch bereitet für das heilige Mahl. Herr, hilf uns, unsere Angst zu überwinden. Sei hilfreich in unserer Mitte. Laß uns zu dir und zueinander finden durch Christus, unseren Herrn. Amen.

Sanctus

Lied: »Manchmal feiern wir«

Friedensgruß

Lied: Polnisches Friedenslied

Kommunion

Lied: »Unser Leben sei ein Fest«

Schlußgebet:
Angst wird es immer geben,
in unserem Leben und in dieser Welt.
Aber wir vertrauen auf uns selbst,
auf die Menschen neben uns
und auf Gott, der uns hält.
Dann dürfen wir wissen:
Wir sind nicht allein!
Amen.

Lied: »Die Sache Jesu«

Josef Wiedersatz

Gottesdienst zum Thema: Scherben (Bußgottesdienst)

Einstieg:
Ein großes Gefäß wird zerschlagen, Scherben werden verteilt. Besinnung – Meditation »Scherben«. Wir stehen um den Scherbenhaufen herum.

Brainstorming:
Scherbenhaufen, Scherben bringen Glück, zerbrochen, Scherben sind ein Teil des Ganzen, Scherben beiseite schaffen – etwas Neues anfangen. Aus Scherben etwas zusammensetzen. Archäologie – vergrabene Scherben finden, dar-

aus etwas rekonstruieren – wie es wohl einmal war, als alles noch ganz anders war? An Scherben kann man sich schneiden.

Begrüßung:

Besinnung / Meditation
(Die Besinnungen sollten von abwechselnden SprecherInnen vorgetragen werden.)

A: Scherben, Scherbenhaufen, zerbrochen, etwas ist kaputtgegangen, Scherben bringen Glück, durch Ungeschicklichkeit etwas zerbrechen, oder aus Wut etwas zerschmettern, an Scherben kann man sich verletzen, Scherben sind ein Teil des Ganzen. Vielleicht kann man viele Scherben wieder zusammenfügen, Archäologen suchen nach Scherben und versuchen etwas zu rekonstruieren, wie es einmal gewesen ist. Auch eine Beziehung kann in die Brüche gehen – wir stehen vor unseren eigenen Scherben –, zerbrochene Freundschaften hinterlassen Narben und Wunden. Manchmal versucht man aus vielen Scherben wieder etwas Neues zu machen, ein Mosaik entsteht. Oft werden vergrabene Scherben nach langer Zeit wiedergefunden, die Wunde bricht wieder auf, kann aber erst jetzt richtig heilen. Manchmal ist man froh, wenn etwas zerbricht, nur dadurch kann sich etwas ändern, wird etwas neu. Auch unsere Welt liegt in Scherben, Kinder werden in Scherben hineingeboren. Wir wollen heute gemeinsam versuchen, aus unseren Scherben wieder etwas Neues zu machen!

B: Scherben wie der Krieg in …, Hungersnöte in … und in vielen anderen Ländern dieser Erde. Meldungen über Umweltzerstörung und Umweltkatastrophen werden uns täglich durch die Medien vor Augen geführt. Berühren uns diese Scherben so wenig, daß wir wie Fakire über sie hinweggehen? Tragen wir durch unsere Lebensweise und unser Konsumverhalten dazu bei, daß solche Scherben entstehen? Sind wir uns eigentlich bewußt, daß durch die Scherben, die wir verursachen, andere gefährdet oder gar tödlich verletzt werden?

Stille

Wir singen gemeinsam: »Herr, erbarme dich«

Lied: »Brückenlied«: Warum denn ...

C: Scherben, die Angst machen, sind für uns Molotow-Cocktails, die zur Zeit in viele Asylbewerber-Unterkünfte geworfen werden. Auch diese Scherben verursachen Krach – halten wir uns die Ohren zu, wie die Menschen, die bei diesen Gewaltaten zuschauen? Eingeworfene Fensterscheiben von ausländischen Geschäften und Wohnungen rufen Erinnerungen an die Reichspogromnacht wach. Wie ist es eigentlich mit mir selbst?
Lache ich auch über Türkenwitze, oder erzähle ich sogar selbst welche? Behandle ich Ausländer unhöflich, weil sie in meinen Augen minderwertig sind, und wenn es nur dadurch ist, daß ich sie mit »Du« anspreche, auch wenn sie erwachsene Menschen sind?

D: Tag für Tag werden wir mit Gewalt konfrontiert. Katastrophenmeldungen und Verbrechen in Fernsehsendungen, Filme, die Gewalt verherrlichen, Bilder, die ohne Zensur schreckliche Greueltaten zeigen. All das stumpft uns ab. Wir haben uns daran gewöhnt. Anstatt etwas dagegen zu unternehmen, verdrängen wir die Gewalt, sagen: »Das ist ja weit weg von uns!«, oder was noch schlimmer ist, wir unterstützen, daß mit dem Unglück anderer Geld gemacht wird.

Stille

Wir singen gemeinsam: »Herr, erbarme dich«

Lied: »Vergiß nicht zu danken«

A: Mit diesen Scherben habe ich andere verwundet.
Beziehungen sind durch mein Verhalten zerbrochen.
Meine eigene Unversöhnlichkeit macht mir und anderen zu schaffen.
Ich verursache Scherben durch meinen Egoismus, durch meine spitze Zunge, durch mein Unverständnis für die Probleme anderer, durch meine unbedachte Kritik ....
Doch auch ich selber bin verletzt.
Ich stehe vor einem Scherbenhaufen.
Die Scherben, die vor mir liegen, haben mich selbst und andere verwundet.
Beziehungen sind durch mein Verhalten zerbrochen.
Meine eigene Unversöhnlichkeit macht mir und den anderen zu schaffen.

Ich verursache Scherben durch
- meinen Egoismus, der mich daran hindert, auf andere zuzugehen;
- durch Neid, der Beziehungen verbaut;
- durch meine spitze Zunge, die andere verletzt;
- durch meine Intoleranz, die »Anders-Sein« ablehnt.

B: Scherben haben auch mir Verletzungen zugefügt,
- weil ich von Menschen, die mir nahe standen, enttäuscht wurde;
- weil ich Zerbrochenes in mir vergraben habe; und nicht versucht habe, damit fertig zu werden.

Stille

Wir singen gemeinsam: »Herr, erbarme dich«

Lied: »Herr, gib uns deinen Frieden« (Kanon)

C: Oft bin ich so mit meinen eigenen Problemen beschäftigt und bedaure und bemitleide mich selber! Ich klage Gott an und jammere ihm vor, wie schlecht es mir geht. Dabei übersehe ich all die anderen Menschen, die vielleicht wirklich oder mehr Grund zum Klagen hätten. Lieber Gott, reiß mich heraus aus meiner Selbstbemitleidung. Gib mir Augen, das Gute und Schöne in meinem eigenen Leben zu sehen.

D: Ich bin einigermaßen intelligent! Habe viele Freunde, kann mir fast alles leisten, habe Erfolg im Beruf, sehe nicht schlecht aus, bin fast überall ein gern gesehener Gast und könnte ganz zufrieden sein. Aber irgendetwas stimmt nicht. Neulich sagte mir jemand: »Du kannst Gott danken, daß es dir so gut geht! Gott danken (?), dachte ich, was hat denn der damit zu tun? Die Frage nach Gott läßt mich nun nicht mehr los! Ich merke, daß er einen festen Platz in meinem Leben will und daß nichts selbstverständlich ist.

A: Ich habe mich mit meinen Eltern verkracht! Sie haben erfahren, daß ich gar nicht bei meiner besten Freundin übers Wochenende war, sondern bei meinem Freund.
Zuerst gab es einen Riesenkrach! – Jetzt reden wir nicht mehr miteinander. Mein Freund sagt: Wenn ich so rückständig sei, sucht er sich eine andere. Ich sollte mich gefälligst durchsetzen gegen meine Eltern!

Dia: »Durchbruch«

Gebet:
Gott, für dich ist nichts unmöglich.
Du kannst durch deine Kraft die dicksten Mauern sprengen! Jede Scherbe, egal ob sie groß ist oder klein, ob sie dick ist oder dünn, ist für dich wertvoll.
Egal welche Form sie hat, du kannst alle Verletzungen und Wunden heilen. Du hast die Trennung zwischen dir und den Menschen überwunden, und uns deine heilende Nähe vesprochen. Darum dürfen wir um Vergebung bitten. Amen.

Vaterunser / Dankgebet

Schlußsegen

Lied: »Wenn einer sagt, ich mag dich, du«

Josef Wiedersatz

WICHTELN

Idee: Sich und anderen etwas Gutes tun (lassen) in Form einer kleinen Aufmerksamkeit – und dies möglichst lange unentdeckt.

Ablauf: In einen Hut, Topf o.ä. Behältnis kommen kleine Zettel mit den Namen aller TeilnehmerInnen und TeamerInnen. Namen werden gezogen (wenn's der eigene ist, wieder zurücklegen). Namen merken, Zettel vernichten, nichts anmerken lassen und gezogene Person immer im Blick haben: Was gibt's Interessantes zu entdecken? Hobbies, Fähigkeiten …

Im Sinne *von Schenken und Beschenktwerden* überrascht nun jede(r) die betreffende Person mindestens *einmal* pro Tag mit einer *kleinen* Aufmerksamkeit (z.B. ein Spruch oder Gedicht im Schlafsack, etwas Süßes auf dem Essensteller – wenn man entdeckt ist oder sich »geoutet« hat, kann es z.B. ein geschenkter Spaziergang, eine Nackenmassage, Küchendienstübernahme, liebevolles Wecken o.ä. sein).

Wichtig: Kein Leistungsspiel, Kleinigkeiten bzw. ohne großen (materiellen) Aufwand. Machbares als Initiatorin hervorheben. Wer will, kann natürlich auch noch weiteren Personen wichteln.
Urform/Wurzel des Wichtelns: Pelzchen verschenken, vgl: Geschichte der Wippiduler, sie kann zu Beginn als Impuls vorgelesen werden.

Dieter Barth

Schuldbekenntnis am Komposthaufen

»Mist« –
»Oh Gott, schon wieder Mist
gebaut« sagen wir, und meinen,
daß uns das eigentlich nicht
passieren sollte.
Lauter Einser und Zweier schreiben,
keine Fehler machen,
dafür strengen wir uns an.
Und wir erwarten das auch von
anderen und die von uns,
... und der Misthaufen kommt ins
hinterste Eck!
... und das Klo kriegt höchstens
0,8 qm und kein Fenster!
... und die Industrie verspricht
uns tausend Sachen, mit denen
wir uns sauber und sicher
fühlen. Sebamed, 8 x 4, Camelia und
Servus Natur.
Wo uns die Natur grad das
Gegenteil lehrt: Mist ist nicht
der zu vermeidende Ausnahmefall,
der Störfall, sondern der Normal-
fall des Lebens.
Wo was wächst und lebt, fällt
Mist an oder Kompost, der rottet,
fault und stinkt gelegentlich.
Wo was wächst und lebt, fällt
Mist an oder Kompost – und
umgekehrt! Mist und Kompost ist
die Grundlage, auf der wieder
was wachsen kann, von der wir
wieder leben können.
Verzeih' uns, Gott, daß wir das

Normale, Mist, Fehler und Pannen
zu »Stör-Fällen« erklären, die
nicht passieren dürften – und
daß wir auf dieser verhängnisvollen,
unmenschlichen Logik unser Leben
und unseren Wohlstand
aufbauen.
Verzeih' uns nicht unsere Fehler,
sondern unseren Eifer, keine
Fehler machen zu wollen. Und
anderen keine zuzugestehen.
Laß uns vertrauen, daß der Mist
und die Fehler, die wir machen,
die Grundlage für neues Wachstum
bei uns und anderen wird.
Laß uns vertrauen mit der
Selbstverständlichkeit der
Gärtnerin, die jedes Jahr ihren
Kompost untergräbt, und mit der
Selbstverständlichkeit der Bauern,
die früher ihren Misthaufen
direkt an die Hauptstraße gebaut
haben.

Tilmann Kugler-Weigel

Segensgebet

Gott, Du, zu dem wir Du sagen dürfen, dankbar sind wir, weil Du uns nicht allein läßt mit unserem eigenen Wind, den wir machen: weil Du einen anderen Geist in die Welt bläst, den Geist von Mut und Freiheit. Und ist auch noch so viel zugemauert, eingekerkert, leblos geworden in unserer Kirche – so gibt's das doch auch, das ganz andere: daß Mauerblümchen den Beton durchbrechen – daß Menschen anfangen zu leben, den Deckel zu lupfen, die Häringe zu lockern – ohne Erlaubnis zu fragen, einfach anfangen frei zu sei.

Und ist das Geschrei der Grabwächter noch so laut. Gib uns von diesem Freigeist, Gott, die Du die Maurer liebst, aber nicht die Mauern in den Kirchenköpfen. Blase Deinen Geist in unsere Nasen, daß wir freier atmen, denken, leben.

Segne diese Gaben von Brot und Wein, damit Jesus Christus bei uns daheim ist – daß wir seinen Geschmack auf unserer Zunge haben und im Herzen. Endlich einer, der nach Leben schmeckt, der die Ehebrecherin liebt, nicht die Angst, die sie dazu machte;

der den Ganoven Zachäus vom Baum holt, nicht seinen Betrug heilig spricht, aber ihn: der die Dirne anschaut,

die am Boden ist, die seine Füße salbt,
der ihr das geraubte Gesicht zurückgibt.
Der den Lazarus aus der Mördergrube holt
und der auch die Kirche rausholen will,
ihr den Charme und die Weite zurückgeben
will.
Gib Geist, Gott, daß wir selbst Kirche
werden. LiebhaberInnen der Menschen, wie
sie sind – wie wir sind. Daß wir uns mögen
können, jeder sich selbst. Daß die Angst
aus unseren Gesichtern weicht. Daß wir
Vertrauen lernen. Daß wir beweglich werden
als Kirche. Daß wir uns im Rhythmus des
Nazareners aus dem Grab tanzen. Daß wir uns
aufrichten, Freigelassene, die wir sind,
daß uns keiner mehr verkürzt, beschneidet,
den Mund verbietet, das Denken, den
aufrechten Gang.
Du Gott auf unserer Seite, laß uns leben,
laß uns leben immer mehr. Damit Dein
Reich anfängt bei uns, heute, und morgen,
dort, wo wir leben. Amen.

Franz Warmbrunn

Ich bin ich

Ich bin ich –
ja, ich bin sogar einmalig:
Mich gibt es nur einmal auf dieser Welt.
Es gibt Milliarden von Menschenaugen,
aber meine Augen gibt es nur einmal;
es gibt Milliarden von Händen,
aber an meinem Daumenabdruck bin ich
zu identifizieren;
die Haare auf den Köpfen der Menschen
lassen sich nicht zählen,
aber an einem einzigen Haar läßt sich
feststellen, ob es mir gehört.

Wunderbar ist es,
zu riechen, zu schmecken, zu fühlen,
schön ist die Farbe meiner Augen und
meiner Haare,
schön ist es, wie ich mich bewege und
gehe, wie ich spreche und lache.
Das alles gehört zu mir.
Ich bin ich,
ich habe ein Recht,
ganz ich zu sein!

Ich möchte frei sein,
frei von dem »man muß«:
man muß mit 14 rauchen,
mit 15 trinken,
mit 16 sexuelle Erfahrungen machen;
man muß die neueste Mode tragen,
sich einen Videorecorder leisten und im Urlaub
im Ausland gewesen sein.
Ich lehne diese äußere Gleichheit ab,
Ich lege Wert auf meine Einzigartigkeit!

Ich möchte mich entdecken –
als Frau, als Mann.
Ich möchte mich einschätzen lernen,
um mich selber schätzen und zu mir stehen
zu können – egal ob dies den anderen so paßt.
Ich will es nicht jeder und jedem Recht machen!
Ich mag mich, so wie ich bin.

Ich kann das Leben
nur an mir selbst erfahren
und dann entscheiden,
ob und was ich will!
Ich möchte meine eigenen Erfahrungen machen,
neue Fähigkeiten entwickeln können,
auch Fehler machen dürfen,
selbständig meinen Weg suchen …
Ich bin ich,
mein Leben ist einmal für mich da!

Horst Gorny, Dieter Barth

Dunkelheiten

Ich leide an
mir, meinen überhöhten Ansprüchen, meinen Schwächen, meinem Perfektionismus, meiner Unbarmherzigkeit mir und anderen gegenüber.
Ich leide an
den vielen Nachrichten. Davon, wieviele Menschen einander das Leben zur Hölle machen, im privaten Bereich:
Kindesmißhandlungen,
Vergewaltigungen innerhalb und außerhalb der Ehe,
Herabwürdigung der Würde jedes einzelnen:
wenn Eltern und LehrerInnen Kinder zu Selbstverachtung erziehen.
Im öffentlichen Leben:
sozialer Abstieg durch Arbeitslosigkeit,
Arbeiten ohne Pause aus Angst um Arbeitsplätze,
Ausgrenzung von allen, die uns in irgend einer Form fremd sind:
Menschen mit nichtdeutschem Paß, Lesben und Schwule, sogenannte Behinderte, psychisch Kranke.
Auf globaler Ebene:
Vernichtung unserer Lebensgrundlage Erde,
maßlose Bereicherung einer Minderheit auf Kosten der Mehrheit, die oft mit ihrem Leben bezahlen müssen.
Blutige, grausame, höllische Kriege, bei denen so viele alles verlieren,
was ihr Leben ausgemacht hat, falls sie überhaupt überleben.

Mich berühren lassen, wenigstens von einer dieser unzähligen Dunkelheiten, mich berühren lassen, ohne in lähmende Resignation zu fallen. Mich berühren lassen, ohne erschlagen zu werden. Einen Weg finden zwischen Aktivismus, Ausgepowertsein, ohnmächtigem Nichtstun.
Kleine Schritte versuchen, die angemessen sind, ein lebbares Maß zu finden, immer wieder.

Kerstin Seibel

Leben

Leben ist fühlen
Leben ist Angst haben und Vertrauen finden
Leben ist: morgens aufwachen und abends einschlafen
Leben ist Atem.
Einatmen und Ausatmen.
Jeder Atemzug ist ein Annehmen und Hergeben.
Atem ist der gefüllte Augenblick
die Sekunden erwarten
und die Sekunde verstreichen lassen.
Leben ist auf etwas hoffen
        sich von Wichtigem trennen
        Neues zulassen und empfangen
Leben aus dem Vergangenen schöpfen
        im Hier und Jetzt
        die Zukunft sehend

Leben beginnt ganz klein –
        laß das die Gänseblümchen erzählen.

Dieter Barth

Im Grunde

Im Grunde ist jeder Mensch
religiös –
wenn er laut und still sein
lachen und weinen
reden und zuhören
gewinnen und verlieren
glauben und zweifeln
aufrichtig und demütig
aus sich herausgehen und in sich gehen
sich durchsetzen und nachgeben
Stärken leben und Schwächen zeigen
geben und nehmen
fragen und antworten
danken und bitten
begreifen und loslassen
Verantwortung annehmen und abgeben
lieben und leiden
Gott und Mensch sehen kann.

Dieter Barth

Natürlich: Natur

Auf Freizeiten gibt es unzählige Gelegenheiten, draußen zu sein und Natur/Schöpfung hautnah zu erleben. Nicht wenige Menschen finden gerade in der Natur Spuren Gottes. Staunen, Respekt, Freude, manchmal auch Angst stellen sich ein, wenn die Natur auf uns wirkt. Das Thema Natur/Schöpfung bietet sich an: für Gespräche, Meditationen, Impulse, Gottesdienst.

Bedrohte Schöpfung – Betroffenheit erleben

Der Text »Die letzten Tage der Schöpfung« von Jörg Zink eignet sich als Einstieg/Anfangsimpuls für dieses Thema. Benötigt wird ein schwarzes Tuch, das alle Zuhörenden bedecken kann. Der Text wird wie folgt vorgetragen: Alle Zuhörenden sitzen auf dem Boden, dicht beisammen. Es werden fünf Personen benötigt, die den Text abwechselnd (A–E) und möglichst ausdrucksstark vortragen (vorher üben!). Die SprecherInnen umstellen die ZuhörerInnen. Bei der vorletzten Strophe wird das schwarze Tuch über alle Zuhörenden gebreitet. Das Ende der Schöpfung wird symbolisch erlebbar. Dies löst Betroffenheit aus, die im anschließenden Gespräch aufgearbeitet werden muß.

Die letzten Tage der Schöpfung

A: Am Anfang schuf Gott Himmel und Erde.
B: Aber nach vielen Jahrmillionen
war der Mensch endlich klug genug.
Er sprach:
C: Wer redet hier von Gott?
Ich nehme meine Zukunft selbst in die Hand.
D: Er nahm sie,
und es begannen die letzten sieben Tage
der Erde.

A: Am Morgen des ersten Tages
E: beschloß der Mensch,
frei zu sein und gut, schön und glücklich.
Nicht mehr Ebenbild eines Gottes,
sondern ein Mensch.
C: Und weil er etwas glauben mußte,
glaubte er an die Freiheit
und an das Glück,
an Zahlen und Mengen,
an die Börse und an den Fortschritt,
an die Planung und seine Sicherheit.
B: Denn zu seiner Sicherheit
hatte er den Grund zu seinen Füßen gefüllt
mit Raketen und Atomsprengköpfen.

A: Am zweiten Tage
D: starben die Fische in den Industriegewässern,
die Vögel am Pulver aus der chemischen Fabrik,
das den Raupen bestimmt war,
die Feldhasen an den Bleiwolken von der Straße,
die Schoßhunde an der schönen roten Farbe der Wurst,
die Heringe am Öl auf dem Meer
und an dem Müll auf dem Grund des Ozeans.
C: Denn der Müll war aktiv.

A: Am dritten Tage
E: verdorrte das Gras auf den Feldern
und das Laub an den Bäumen,
das Moos an den Felsen
und die Blumen in den Gärten.
D: Denn der Mensch machte das Wetter selbst
und verteilte den Regen nach genauem Plan.
Es war nur ein kleiner Fehler in dem Rechner,
der den Regen verteilte. Als sie den Fehler fanden,
lagen die Lastkähne auf dem trockenen Grund
des schönen Rheins.

A: Am vierten Tage
B: gingen drei von vier
Milliarden Menschen zugrunde.
Die einen an den Krankheiten,
die der Mensch gezüchtet hatte,
denn einer hatte vergessen,
die Behälter zu schließen,
die für den nächsten Krieg bereitstanden.
Und ihre Medikamente halfen nichts.
Die hatten zu lange schon wirken müssen
in Hautcremes und Schweinelendchen.
D: Die anderen starben am Hunger,
weil etliche von ihnen den Schlüssel
zu den Getreidesilos versteckt hatten.
D: Und sie fluchten Gott,
der ihnen doch das Glück schuldig war.
Alle: Er war doch der liebe Gott!

A: Am fünften Tage
B: drückten die letzten Menschen
den roten Knopf,
denn sie fühlten sich bedroht.
C: Feuer hüllte den Erdball ein,
die Berge brannten,

die Meere verdampften,
und die Betonskelette in den Städten
standen schwarz und rauchten.
D: Und die Engel im Himmel sahen,
wie der blaue Planet rot wurde,
dann schmutzig braun und schließlich aschgrau.
Alle: Und sie unterbrachen ihren Gesang
für zehn Minuten.

A: Am sechsten Tage
B: ging das Licht aus *(an dieser Stelle den Zuhörenden das Tuch überziehen).*
C: Staub und Asche verhüllten die Sonne,
den Mond und die Sterne.
D: Und die letzte Küchenschabe,
die in einem Raketenbunker überlebt hatte,
ging zugrunde an der übermäßigen Wärme,
die ihr gar nicht gut bekam.

A: Am siebten Tage
E: war Ruhe.
Alle: Endlich.
B: Die Erde war wüst und leer,
und es war finster über den Rissen und Spalten,
die in der trockenen Erdrinde
aufgesprungen waren.
C: Und der Geist des Menschen
irrlichterte als Totengespenst
über dem Chaos.

D: Tief unten, in der Hölle, aber
erzählte man sich die spannende Geschichte
von dem Menschen,
der seine Zukunft in die Hand nahm,
und das Gelächter dröhnte hinauf
bis zu den Chören der Engel.

Jörg Zink

Gott spielt

Ein Schmetterling auf einer Blüte.
Es ist, als ob eine Blüte eine andere besuche,
um sie zu bewundern und zu verehren.
Zwei Geschöpfe des Lichts:
die Blume, die sich der Sonne entgegenstreckt,
der Schmetterling, der in der Sonne beschwingte Tänze vollführt.
Warum schafft Gott die Welt so schön?
Für den Zweck der Bestäubung würde auch ein roter oder gelber Farbklecks genügen.
Warum diese Verschwendung an Farben und Formen?
Der Schmetterling selbst hat nichts davon. Er sieht sich nicht.
Gott spielt mit Formen und Farben und überschüttet seine Schöpfung mit Schönheit.
Gott liebt die Welt, deshalb schmückt er sie.
Wir sind die Zuschauer; wir sehen ein Stück von Lust und Leid, von Glanz und Farbe, das auf der Bühne der Schöpfung gespielt wird.
Unser Herz soll sich auftun für den spielenden und liebenden Gott.

VerfasserIn unbekannt

Wasser – Erde – Feuer – Luft

Wasser, Erde, Luft und Feuer sind die Grundelemente der Schöpfung, die Leben auf der Erde ermöglichen. In den Elementen wohnt auch die Kraft der Zerstörung und Vernichtung. Wir sind angewiesen auf diese gewaltigen Urkräfte, jeden Tag leben wir mit ihnen. Gottes Schöpfung zeigt sich wesentlich. Die Elemente faszinieren seit jeher, auch heute, in einer Zeit der bedrohten Schöpfung. Es tut Not, die Elemente kennenzulernen und sie zu schützen.

Möglichkeiten auf Freizeiten

Die vier Elemente oder ein einzelnes Element können das Thema für eine Besinnung, einen Gottesdienst o.ä. sein.
Die Elemente sind erlebbar – direkt in der Natur – oder sie können im Raum erlebbar gemacht werden. Entsprechend farbige Tücher, eine Schale je mit Wasser und Erde, eine Kerze oder Fackel, ein Windrad können symbolisch für das jeweilige Element stehen. Alle vier Elemente sind so angeordnet, daß sie das Ganze bilden, sprich einen Kreis.
Sich mit einer Gruppe den Elementen zuwenden heißt zunächst nachzuspüren, welche Erlebnisse, Erfahrungen, Assoziationen zu den einzelnen Elementen da sind. Diese können z.B. auf vorbereitete Streifen Papier geschrieben und zugeordnet werden.
Es bietet sich an, einmal einen Tag lang zu beobachten (oder Gelegenheiten zu schaffen), wo im Alltag die Elemente erlebt werden.
An den Anfang der Praxiselemente stellen wir zwei Texte, die alle Elemente einbeziehen. Danach gibt es Anregungen zu jedem Element, die beliebig verwendbar sind.

Morgensegen

Sei wie Feuer:
glühend in Lust und Liebe,
brennend für neue Ideen,
lodernd in den Flammen von Phantasie
und Leidenschaft!

Sei wie Wasser:
klar und tief in den Gefühlen und Gedanken,
wild strudelnd vor Lebendigkeit,
überströmend in Freundschaft und Liebe!

Sei wie Luft:
leicht und frei für das Spiel der Träume,
durchlässig für das Licht eines neuen Morgens,
kraftvoller Atem, der lebendig macht!

Sei wie Erde:
fest und sicher für die Schritte deiner
Entscheidungen und Ziele,
fruchtbar für das Aufkeimen neuer Hoffnungen
und das Aufblühen von Erfüllung und Glück!
Sei gesegnet!

Christa Spilling-Nöker

Gebet mit den Elementen

Eine: Laßt uns nun unser Gebet in die vier Himmelsrichtungen schicken und uns dann wieder zur Mitte kehren. Zuerst schauen wir zur Mitte.

Stille zur Besinnung

Eine: Wir wenden uns nach Westen.
Von Westen strömen reinigende Wasser. Wir bitten, daß der Atem Gottes wieder über die Wasser wehe und sie rein mache, damit sie Leben bringen.

Alle: Wir bitten, Gott, reinige auch uns und gib uns neues Leben durch das Wasser und den Heiligen Geist.

Stille zur Besinnung

Eine: Wir wenden uns nach Norden.
Von Norden kommt der läuternde Wind. O Gott, dich haben die Menschen Atem, Wind und Leben genannt. Wir bitten:

Alle: Läutere die Luft, die wir atmen, damit überall auf Erden
das Leben gedeihen kann.

Eine: Wir schauen wieder zur Mitte.

Stille zur Besinnung

Eine: Wir wenden uns nach Osten.
Von Osten kommt mit der aufgehenden Sonne Erkenntnis und Weisheit.
Wir bitten:

Alle: Laß uns klug werden, o Gott, im Umgang mit den Gütern der Erde; schaffe Gerechtigkeit, so daß wir geben, was an uns ist, und dankbar unseren Teil empfangen.

Eine: Wir schauen wieder zur Mitte.

Stille zur Besinnung

Eine: Wir wenden uns nach Süden.

Von Süden her führt der Weg zu Ursprung und Vollendung des Lebens. Wir bitten:

Alle: daß wir auf guten Wegen wandeln, o Gott; daß wir auf dieser Erde wie Geschwister leben; daß wir einander erfreuen, einander im Leiden tragen und so dein Wille geschieht, der das Antlitz der Erde erneuert. Amen.

Eine: Wir schauen zur Mitte.

Stille der Besinnung

Weltgebetstag der Frauen 1981

Wasser

Gelobt seist du, mein Herr,
durch Schwester Wasser!
Wie ist es doch nützlich, wie schlicht,
wie köstlich und keusch!

Aus dem Sonnengesang des Franziskus

Über das Wasser

Wasser kennt verschiedene physikalische Zustände. In flüssigem Zustand paßt es sich jeder Form an. Wasser ist sanft und stark zugleich. Von der Kraft des Unscheinbaren: Steter Tropfen höhlt den Stein. Fast alle Lebewesen bestehen zu einem großen Prozentsatz aus Wasser. Wasser als Symbol wird dem Weiblichen zugeordnet. Wasser macht lebendig, erfrischt, reinigt. Wasser gilt seit frühester christlicher Zeit als Zeichen der Reinigung, der Erneuerung, der Verwandlung, vor allem aber als Symbol des Lebens.

Wasser erleben

- Getränke aller Art
- waschen, baden, reinigen
- schwimmen, planschen
- auf dem Wasser sein: im Boot, beim Kochen, auf der Luftmatratze, auf dem Floß
- Wassersport
- Wasserspiele
- Wellen
- in der Natur: Quellen, Bäche, Seen, Meer. Tautropfen, Regen, Nebel, Wolken, Hagel, Reif, Schnee, Eis.

Gebet

Herr,
gib mir die Eigenschaften des Wassers.
Ruhig und klar,
wie ein See.
Erfrischend und lebensspendend,
wie ein kühler Regen.
Laß mich eine Quelle sein,
der Freude und des Trostes,
der Zuversicht und des Vertrauens.
Schenke mir die Gelassenheit
des großen Flusses,
der dahintreibt und ohne den geraden Weg
zu wählen
stets das Meer erreicht.

Bewegung des Wassers spüren

Sich herantasten, nur die Füße umspülen lassen,
weitergehen, der fremden Kraft die eigene gegenüberstellen,
den Boden unter den Füßen verlieren oder standhaft trotzen,
das ruhelose Zerren und Ziehen,
verlockend, betäubend, gefährlich.
Fordernd und stark, ohrenbetäubend.
Ich höre meine Stimme nicht mehr.
Verführerisch weichen sie zurück.
Ein ewiger Rhythmus, ein Aufbäumen und Umkippen.
Sich berauschen lassen von Prickel, Sog, Form, Farbe,
Geräusch und Geruch.

Ulrike Berger-Dick

Schöpfungsbericht des Wassers

In sechs Tagen schuf Gott Himmel und Erde, Wasser, Feuer, Luft und Wind, Pflanzen, Tiere und den Menschen. Er sah, daß es gut war. Der Mensch machte sich die Erde untertan und entnahm, was er brauchte. Beim Verbrauch des Wassers verhielt sich der Mensch besonders verschwenderisch. So schrieb er sich die »Schöpfungsgeschichte des Wassers«.

1. Tag
Am ersten Tag hatte der Mensch großen Durst, und er ging zum Fluß, kniete daran nieder und trank das köstliche Naß. Er dankte Gott für den Regen, der die Flüsse füllte.

2. Tag
Am zweiten Tag kam ihm der Gedanke, daß er nicht immer zum Wasser laufen wollte, wenn er durstig war. Er erfand Krüge und Gefäße, füllte sie am Fluß und trug sie nach Hause. So konnte er – als er sich das Feuer zunutze gemacht hatte – seine Nahrung darin kochen.

3. Tag
An diesem Tag entdeckte der Mensch, daß er durch Bohren unterirdisch Wasseradern anzapfen kann. Er baute Brunnen und konnte sein Wasser direkt vor seiner Haustüre schöpfen. Er gebrauchte es jetzt auch zum Wäschewaschen und gönnte sich am Abend ein entspannendes Bad. Das Abwasser ließ er den Hang hinunterfließen.

4. Tag
Das Abwasser begann dem Menschen zu stinken. Die starke Verschmutzung der Flüsse mit Unrat ließ ihn nach einer Lösung suchen. Noch am gleichen Tag fand er sie: Er grub tiefe Schächte in den Boden und leitete das Abwasser hinein. Er fühlte sich an diesem Tag besonders gut. Daher ließ er sich noch abends ein großes Schwimmbad ausbuddeln – denn vom Buddeln verstand der Mensch ja jetzt etwas –, und er vergnügte sich darin bis spät in die Nacht.

5. Tag

Der Mensch stellte an diesem Tag überraschend fest, daß er Wasser aus seinem Brunnen nicht endlos schöpfen konnte. Durch den enormen Bedarf versiegten die Quellen immer häufiger. Auch schmeckte es ihm nicht mehr so gut. Das war aber nicht ganz so schlimm, da er schon am Vortag auf Saft und Bier umgestiegen war.

Dennoch beauftragte er noch am gleichen Tag ein öffentliches Wasserwerk mit der Wasserversorgung, wofür er auch bereit war zu zahlen. Diese Neuerung enthob ihn jeglicher Verantwortung. Trat eine Verseuchung des Trinkwassers auf, war es jemand anderer gewesen. Klärwerke mußten für die Reinhaltung des Wassers sorgen. Das gelang ihnen nicht, aber der Mensch hatte damit nichts zu tun. Er gebrauchte das Wasser kaum noch als Trinkwasser, sondern eine wasserfressende Toilettenspülung sowie Geschirrspüler und Waschmaschinen, das Autowaschen sowie vieles andere mehr verschlangen Unmengen an Wasser. Er hatte es geschafft, seinen Wasserverbrauch von zwei Litern am ersten Tag auf 140 Liter pro Tag zu steigern.

6. Tag

Der Mensch konnte den Zeitungsberichten entnehmen, daß auch die Wasserwerke nicht mehr Herr der Lage waren. Die Trinkwasseraufbereitung aus verschmutztem Flußwasser verschlang Milliarden, und trotzdem war das Wasser aus dem Hahn an einigen Tagen »zum Verzehr nicht mehr geeignet« – wie die Nachrichten bekannt gaben. Das Wasser machte ihn krank. Als auch im Mineralwasser und Bier hohe Mengen an gefährlichen Stoffen auftauchten, wußte der Mensch keine Lösung mehr. Er wurde sehr ratlos und wandte sich in seiner Not an Gott mit Bitte um Erleuchtung und Hilfe.

Hildegard Büning

Kanuwallfahrt
Gedanken zum Thema Wasser

Aus unserer Erfahrung:

1. Wasser = Quelle des Lebens. In den Mythen der Völker lebt die Ahnung von einem Urmeer und davon, daß alles Leben aus dem Wasser kommt. Ohne Wasser gibt es kein Leben auf Erden. Alle Lebewesen bestehen zum großen Teil aus Wasser. Wasser macht die Wüste zum Land. Landschaften versteppen, wenn es lange nicht regnet, wenn keine Wälder mehr da sind, die Wasser aufsaugen und speichern. Wasser löscht den Durst, hat Heilkraft (Heilbäder).
2. Wasser = Ursache des Todes. Wassermassen bringen Vernichtung und Tod, wenn sie nicht gebändigt werden: Wenn sie über die Dämme brechen und das Land überfluten.
3. Wasser = Mittel zur Reinigung. Wir brauchen es zum Waschen; es ist geradezu das Symbol für das Reinwerden: Taufwasser führt zu einer neuen Geburt, Weihwasser zur inneren Reinigung.

Aus unserer Sprache:

»Des Menschen Seele gleicht dem Wasser:
Vom Himmel kommt es, zum Himmel steigt es,
und wieder nieder zur Erde muß es,
ewig wechselnd.« (Goethe)

»Das ist Wasser auf meine Mühle.«
(Das kommt mir gelegen.)

»Einem nicht das Wasser reichen können.«
(Der andere ist besser.)

»Es wird überall nur mit Wasser gekocht.«
(Es wird nicht so schlimm, wie es aussieht.)

»Sich über Wasser halten.« (Sich behaupten.)

»Stille Wasser gründen tief.«
»Von reinstem Wasser.« (Von lauterer Art.)

»Mit allen Wassern gewaschen.«
(Durchtrieben sein.)

»Einem das Wasser abgraben.«
(Jemandem das Geschäft verderben,
die Existenz vernichten.)

Bedeutung von Wasser im Christentum und in der hebräischen Bibel:

1. Urflut/Lebenswasser: »Im Anfang hat Gott Himmel und Erde geschaffen. Die Erde war wüst und wirr, Finsternis lag über der Urflut, und Gottes Geist schwebte über dem Wasser« (Gen 1,1 f.).
»Ein Strom entspringt in Eden, der den Garten bewässert; dort teilt er sich und wird zu vier Hauptflüssen« (Gen 2,10).

2. Gott wird der *Quell* lebendigen Wassers genannt. »Denn sie haben den Herrn verlassen, den Quell lebendigen Wassers« (Jer 17,13). – Jesus spricht von sich in ähnlicher Weise: »Wer durstig ist, komme zu mir und trinke! Wer an mich glaubt, dem gilt, was die Schrift gesagt hat: Aus seinem Inneren werden Ströme von lebendigem Wasser hervorfließen« (Joh 7,37 f.; vgl. Joh 4,7–18: Gespräch mit einer Samariterin).

3. Der *Gerechte* ist nur *lebensfähig* in unmittelbarer Nähe des Wassers, d.h. bei Gott: »Wie der Hirsch lechzt nach frischem Wasser, so lechzt auch meine Seele, Gott, nach dir« (Ps 42,2).

4. Wasser bedeutet also *Leben.* Beim Zug der Israeliten durch die Wüste Sin befiehlt Gott dem Moses: »Schlag an den Felsen! Es wird Wasser herauskommen, und das Volk kann trinken« (Ex 17,6). – »Wenn jemand nicht aus Wasser und Geist geboren wird, kann er nicht in das Reich Gottes kommen« (Joh 3,5). Hinweis auf die Taufe, die Wiedergeburt. – »Wer von dem Wasser trinkt, das ich ihm geben werde, wird nicht mehr durstig sein, vielmehr wird das Wasser, das ich ihm gebe, in ihm Quelle werden, die Wasser für das ewige

Leben ausströmt« (Joh 4,14): Das Wasser, das Jesus gibt, ist das übernatürliche Leben. – Zur Zeit der Vollendung aller Dinge wird das Wasser zum Sinnbild des Glückes der Auserwählten: »Denn das Lamm in der Mitte vor dem Thron wird sie weiden und zu den Quellwassern des Lebens führen« (Offb 7,17).

5. In der *Taufe* wird die Symbolkraft des Wassers besonders deutlich. »Ihr seid reingewaschen, seid geheiligt, seid gerecht gesprochen worden im Namen unseres Herrn Jesus Christus und im Geist unseres Gottes« (1 Kor 6,11).

Zur Besinnung:
1. Was beeindruckt mich, wenn ich an einem strömenden Wasser stehe, an einer Quelle, die aus dem Boden sprudelt, an einem Bach oder Fluß, der vorbeirauscht, an einem Brunnen, am Meer mit seinem gewaltigen Rauschen, mit den Fluten, die kommen und zerbrechen?
Ist es die urmenschliche Erfahrung, daß alles im Fluß begriffen ist: alles Leben ein Vorbeirauschen?
Macht mich dieses ständige Dahinfließen traurig – oder ruft es mich auf, die Stunden und Tage als Geschenk anzunehmen und zu erfüllen?
2. Was beeindruckt mich, wenn ich an einem stillen Wasser, an einem See stehe; ich schaue in die Tiefe, die unergründlich ist; ich erlebe die große Stille, die auf ein Ereignis wartet, auf den Kieselstein, der den glatten Wasserspiegel zerbricht und der von einem Punkt aus immer neue Kreise zieht.
Ist es das Wissen um das Unergründliche, das in den Tiefen des Menschseins wartet? Ist es Urvertrauen auf die letzte Bindung (religio-Bindung), das durch die lauten Ereignisse des Tages nicht verletzt wird?
3. Bin ich mir bewußt, daß ich jedesmal, wenn ich Wasser zur Reinigung nehme, symbolhaft die innere Reinigung widerspiegele? Weiß ich um die Heilkraft des Wassers? Und um die zeichenhafte Wirkkraft des geweihten Wassers?

Eine Auswahl an weiteren Bibelstellen zum Thema Wasser:
- Gen 1,2: Im Anfang war die Urflut
- Gen 7: Noah und die Sintflut
- Ex 13,17 ff.: Rettung am Schilfmeer
- Psalm 29: Gottes Herrlichkeit im Gewitter

- Psalm 36: Gott, Quelle des Lebens
- Mt 14,22–33: Der Gang Jesu auf dem Wasser
- Joh 4,4–15: Die Samariterin am Jakobsbrunnen

Josef Wiedersatz

Guten-Morgen-Kirche zum Thema Wasser

Die Kinder sitzen auf den Bänken im Kreis (20–30 Personen). Alle warten, bis es losgeht. Auf dem Baum in der Nähe wurde ein Gartenschlauch mit Rasensprengler montiert, der auf Kommando in Betrieb genommen wird. Alles schreit und kreischt und ergreift die Flucht. Die morgendliche Überraschungsdusche hat funktioniert. Thema Wasser! In lockerer Runde tauschen wir alles aus, was uns zum Thema Wasser einfällt.

Methode: Brainstorming, z.B. Regen, Gewitter, Bodensee, Schwimmen, Trinkwasser, Zähneputzen, Geschirrspülen, Quelle, Duschen usw.

Lied: »Ins Wasser fällt ein Stein«

Gebet:
Herr, unser Gott.
Wir danken dir für das Wasser.
Es ist schon toll, bei uns braucht man nur den Wasserhahn
aufzudrehen und schon sprudelt es. Woanders ist das Wasser knapp.
Da gibt es keine Leitungen. Oft müssen die Menschen das kostbare Gut von
weit her bis ins Dorf tragen. Da haben wir es leichter.
Wir haben genügend Wasser, können baden im See, Wasserspiele
machen und trotzdem wird es selten knapp.
Dafür danken wir dir. Wir wollen uns auch dafür einsetzen, daß
unsere Flüsse und Seen sauber bleiben, und sorgsam mit dem Wasser
umgehen, weil es etwas Lebensnotwendiges ist. Amen.

Lied: »Laudato si«

Wir wünschen uns einen schönen Tag und guten Appetit beim Frühstück.

Gebete von Kindern

Wasser

Guter Gott, wir danken dir für das Wasser, das wir zum Waschen brauchen, ohne das wir weder Geschirrspülen noch putzen könnten.

Guter Gott, wir danken dir für das Wasser, das wir jeden Tag zum Trinken brauchen. Wenn wir Durst haben, schenkt es uns Erfrischung.

Guter Gott, wir danken dir für das Wasser, mit dem wir auch spielen können. Bei großer Hitze zum Beispiel können wir eine Wasserschlacht machen, und bei den Naturdörfern konnten wir kleine Teiche bauen.

Guter Gott, wir danken dir für das Wasser, das stark wie heute vom Himmel als Regen kommt. Oft sind wir unzufrieden über schlechtes Wetter, aber du weißt, was die Natur braucht.

Guter Gott, wir danken dir für das Wasser zum Kochen. Das Essen wäre sonst trocken und schmutzig und fad.

Guter Gott, wir danken dir für das Wasser im Freibad, daß wir an heißen Tagen schwimmen gehen können.

entstanden im Zeltlager

Vorschlag für eine Guten-Morgen-Kirche an einem Brunnen/Wasser oder einer Quelle

An deinem Brunnen, Gott – ein Wechselgesang

A: Am Brunnen,
B: hier am Brunnen
C: feiern wir das Leben.
D: Wir hören das Rauschen
C: und feiern das Leben.
A: Wir sehen das Wasser sprudeln
B: und denken an die Kraft Gottes,
C: frisch, stark, unverbraucht.
Alle: Am Brunnen
feiern wir das Leben,
ahnen wir Gottes Kraft.

A: Wasser gegen den Durst,
B: erfrischende Kühle
statt versengender Sonne,
D: gleichmäßiges Plätschern
anstelle von aufdringlichem Lärm.
C: An deinem Brunnen, Gott,
ist Platz für mich.
Alle: An deinem Brunnen, Gott,
ist Platz für uns.

A: An deinem Brunnen, Gott,
habe ich Zeit.
D: An deinem Brunnen, Gott,
A: begegne ich dir, begegne ich mir.
B: Ich erkenne mein Spiegelbild in dir.
C: An deinem Brunnen schöpfe ich.
B: Ich schöpfe Kraft
A: aus dir

D: für mein Leben.
Alle: Kraft für unser Leben

A: Wie Frauen in biblischen Zeiten
B: sich am Brunnen trafen
D: zum Schöpfen und Reden,
A: wie Frauen in fernen Ländern
B: sich noch heute am Brunnen treffen
D: zum Schöpfen und Reden,
C: so finden wir Gemeinschaft
bei unserem Mühen.
Alle: Gemeinschaft am Brunnen.

A: Am Brunnen
B: erinnern wir unseren Ursprung,
C: Gott, Quelle des Lebens.
A: Am Brunnen
B: spüren wir Tiefe,
C: die Tiefe des Reichtums
und der Erkenntnis Gottes.
B: Am Brunnen
C: vor Gott und
in der Gemeinschaft der Schwestern
D: reinigen wir uns,
A: erfrischen wir uns
B: für einen neuen Anfang.
Alle: Wir trinken aus deiner Quelle
und spüren deine Fülle in uns.

A: Wir sind begabt
B: mit Augen,
die auf den Grund sehen.
A: Wir sind begabt
D: mit Händen,
die kraftvoll aus der Tiefe schöpfen.

A: Wir sind begabt
C: mit Ohren,
die auf die leisen Töne hören.
Alle: Gottes Quelle in uns drängt ins Leben.

A: Auch wenn die Brunnen
aus unserem Alltag verschwinden,
B: die Sehnsucht bleibt.
C: Die Sehnsucht nach dem, was war,
D: was nicht mehr ist,
C: aber was wieder sein sollte.
A: Gott, Quelle des Lebens,
B: du sprudelst in uns
C: unversiegbar, ausdauernd.
D: Du sprudelst in uns.
A: Wir schöpfen aus dir.
Alle: Bis deine neue Schöpfung
diese Erde erneuert.

Hanne Köhler

Erde

Gelobt seist du, mein Herr,
durch unsere Mutter, die Erde!
Sie ernährt und trägt uns und zeugt vielerlei Früchte,
buntfarbige Blumen und Kräuter.

Aus dem Sonnengesang des Franziskus

Über die Erde

Wir kommen von der Erde, sie nährt und trägt uns,
und wir gehen zu ihr zurück.
Sie zieht uns an mit ihrer Schwerkraft.
Sie hat etwas Tiefes, Verbindendes.
Die Erde schenkt Wachstum und Ernte.

Erde erleben durch

- Pflanzen
- barfußlaufen
- eine Schlammschlacht
- Steine
- alles, was auf der Erde wächst und gedeiht

Eine Auswahl an Bibelstellen

Gen 2,4b ff.
Gleichnis vom Sämann

Die Erde spüren – eine Körperübung

Barfuß oder in Schuhen. Es wird ein Platz aufgesucht, an dem verschiedene Bodenqualitäten zu spüren sind: Teer, Beton, Gras, Sand …

Die Kinder sollen sich den Platz anschauen (damit sie Orientierung haben). Dann werden die Augen geschlossen und die verschiedenen Oberflächen wahrgenommen. (Es bietet sich auch Partnerarbeit an, eine/r schließt die Augen, eine/r läßt sich führen.)
Auf welchem Untergrund fühle ich mich wohl?
Wo besonders angenehm?
Wie wirkt sich unterschiedlicher Untergrund auf das Stehen aus?
Versuche, mit deinen Füßen die Erde zu spüren.
Öffne dann wieder die Augen und suche dir einen Platz aus, an dem du dich gerne hinlegen möchtest.
Leg dich auf den Rücken und leg auch deine Beine auf dem Boden ab. Wenn du magst, schließe die Augen. Spürst du, wie schwer du bist? Laß dein ganzes Gewicht, deinen ganzen Körper auf der Erde ruhen. Mit deiner Rückseite kannst du die Erde spüren.
Ist sie warm? Weich? Unbequem?
Versuche eine gute Lage zu finden und das Gefühl zu genießen, daß dich die Erde trägt.
Wenn du genug hast, öffne die Augen, –
schau dich um, bewege langsam deine Hände,
Arme und Beine und laß dir Zeit beim Aufstehen
Vielleicht magst du erzählen, was du erlebt hast.

Weitere Möglichkeiten, sich mit Erde zu beschäftigen:

- gemeinsam tonen
- im Schlamm/Lehm spielen
- eine Steinmeditation (Naturalmeditation)

Steinmeditation

Jede/r sucht sich einen Stein (in der Natur oder wird vom Leiter oder Leiterin mitgebracht). Den Stein zuerst blind ertasten. Dazu viel Zeit lassen. Dann kann folgender Text vorgelesen werden:

Ich bin nur ein Stein, einer von vielen, aber ich bin einmalig in meiner Größe, in meinem Aussehen, in meiner Form. Ich bin an manchen Stellen abgerundet, woanders habe ich spitze Ecken und Kanten, an denen man sich stoßen kann. Ich habe rauhe Oberflächen, an denen man sich reiben kann, an anderen Stellen bin ich glatt und sanft. Ich bin unverwechselbar und habe mein eigenes Profil: Ja, da bin ich!

Ich muß oft hart sein, Gefühle verachten, mich mit anderen Steinen zu Wällen und Mauern türmen – Mauern, die trennen, durch die niemand hindurchsieht, über die niemand hinüberklettern kann: Ja, das bin ich!

Muß ich das? Kann ich das? Will ich das?

Ich kann den kleinen, unscheinbaren Lebewesen Schatten und Schutz bieten – vor der brennenden Sonne, vor zerstörender, erdrückender Gewalt.

Ich kann, weil ich der bin, der ich bin. Ich kann ein Stein sein, der ins Rollen kommt.

Ich kann weich sein, mich von den Wogen des Wassers tragen und umspülen lassen – meine Form dadurch verändern, aufbrechen, vergänglich sein – das weiche Wasser bricht den Stein. Mich verändern und meine Form suchen: Ja, das kann ich!

Ich will mich be-greifen lassen, nicht nur von Wind und Wasser, sondern von sanften Kinderhänden, die mich aufnehmen, mich er-greifen, die über meine Kanten genauso streicheln wie über meine glatten Flächen, die Bewegung in mein Leben bringen.

Sie lassen mich über das Wasser gleiten, lassen mich Wogen und Wellen überspringen – und landen: Einen neuen Ort, eine neue Welt finden, in den und in die ich mich hineinfallen lasse, an dem und in der ich meinen Grund, meine Tiefe suchen kann.

Ins Wasser fallen und Kreise ziehen: Ja, das will ich!

Ich, ein Stein, der die Fingerabdrücke seines Schöpfers tragen darf: ich möchte ergriffen sein, ergriffen werden, in Bewegung sein, landen und hineintauchen in die Tiefen eines neuen Lebens: Ja, das werde ich.

Amen.

Dieter Barth

Gebete

Guter Vater, unsere Erde gibt uns Menschen Lebensraum neben Pflanzen und Tieren. Sie erhält unser Leben, denn sie schenkt uns Früchte und Nahrung im Überfluß. Für dieses Geschenk danken wir.

1. Obwohl du genügend Nahrung für alle hier geschaffen hast, sind wir Menschen doch unfähig, sie gerecht zu verteilen. Wir leben im Überfluß, die Menschen in der Dritten Welt hungern. Zeig uns einen Weg, wie wir die Probleme lösen können.
   Wir bitten dich, erhöre uns.
2. Gerade im Zeltlager können wir uns an der Schönheit der Erde erfreuen. Schöne Wiesen, der Wald, ein Bach, reife Ährenfelder, Tiere. Warum schätzen wir Menschen die Erde nicht? Warum zerstören wir sie mit Atombomben und Gift? Herr, gib uns die Kraft, daß wir uns gegen die Zerstörung der Erde wehren.
   Wir bitten dich, erhöre uns.
3. Guter Gott, du gabst dem Menschen die Erde und sagtest: »Macht sie euch untertan!« Wir sehen das oft nur zu einseitig. Wir nützen die Erde zu unserem Vorteil aus. Herr, hilf uns die Erde zu retten und zu bewahren.
   Wir bitten dich, erhöre uns.

Guter Gott, du bist wie die Erde.
Du trägst, erträgst, hältst alles.
Bei dir darf ich Ruhe finden,
mich schwer oder leicht fühlen und
werde getragen. Dafür danke ich dir!
Amen.

Erd-Meditation

Vorbemerkung: In der Hand, die zu einer Schale geformt ist, halten die Meditationsteilnehmer und Meditationsteilnehmerinnen etwas Erde. Einer spricht:

Die Erde ist uns fremd geworden. Wir haben uns von ihr getrennt. Mit unseren Schuhen schützen wir uns vor Kälte, Nässe und Schmutz. Unsere Füße berühren den Boden nicht mehr. Wir haben den Boden unter den Füßen verloren. Eingeebnet, plattgewalzt und mit Beton und Asphalt versiegelt ist der Boden, damit wir rasch und bequem darüber hinwegrollen können. Auch der Landwirt hat sich über ihn erhoben. Schwere Maschinen tragen ihn über den Boden. Er schreitet nicht mehr in der Pflugfurche oder geht säend und erntend über das Land.

Ein Häuflein Erde liegt in unseren Händen. Wir sehen: es ist dunkelbraun bis grau gefärbt. Es macht einen homogenen Eindruck, als ob es aus einem einzigen Stoff aufgebaut wäre. Wir fühlen: die Erde ist kühl, locker-luftig und deshalb relativ leicht, etwas feucht, aber nicht klebrig. Ein angenehmes Gefühl. Wir riechen: ein typischer erdiger Duft strömt uns entgegen. Wir kennen ihn. Er erinnert uns an Waldboden, an reifen Kompost oder an trockene Erde, die von Regen benetzt wird.

Was wir nicht sehen: der Boden besteht aus Teilen verschiedener Herkunft: Sand und Ton aus dem Reich der Gesteine, Humus aus der Zersetzung von Lebewesen entstanden, lebende Organismen: Gliedertiere, Würmer, einzellige Tiere, Algen, Pilze, Bakterien.

In dieser Handvoll Erde leben Millionen von Organismen. Nur ganz wenige können wir mit bloßem Auge erkennen. Der Erdgeruch wird von Bakterien, die irreführenderweise Strahlenpilze genannt werden, erzeugt. Sie bauen besonders schwer zersetzbare organische Stoffe, wie z.B. das im Holz enthaltene Lignin, ab.

Dieses Häuflein Erde in unserer Hand macht einen leblosen Eindruck. Doch es pulsiert Leben darin. Die Wärme unserer Haut hat das Leben aktiviert. Hunderte von Bakterien sind in den wenigen Minuten entstanden, in denen die Erde auf unserer Hand liegt. Hunderte von Bakterien haben ihr kurzes Leben – bei manchen Arten währt es nur eine halbe Stunde – beendet, und ihre Reste werden von anderen Organismen verzehrt und in Humus umgewandelt. Hand in Hand laufen biologische, chemische und physikalische Prozesse mit unterschiedlicher Geschwindigkeit ab. Jahrtausende waren nötig, bis hartes Gestein zu Sand, Schluff und Ton verwitterte. In den wenigen Minuten, in denen wir die Erde in unserer Hand halten, ist sie wärmer und trockener geworden, und damit haben sich auch die Lebensbedingungen und Aktivitäten der Mikroorganismen verändert.

Ist es Zufall, wenn wir den gesamten Planeten und das, was wir in der Hand halten, mit demselben Wort benennen: Erde? Das lateinische Wort homo = Mensch und Humus entstammen derselben indogermanischen Wurzel. Im Hebräischen heißt der Mensch adam und der Ackerboden adamah.

Die Erdverbundenheit unserer Vorfahren drückt sich in den Umschreibungen aus, mit denen sie die Menschen benannten: Erdengast, Erdengeschöpf, Erdenkind, Erdensohn, Erdenvolk, Erdenwurm. Sie redeten vom Erdreich, von Muttererde oder Mutterboden. Nur wenige dieser Wortschöpfungen haben sich in unsere Zeit hinübergerettet.

Wir haben den Boden unter den Füßen verloren und merken nicht, wie der Boden darunter leidet. Wir walzen ihn platt und versiegeln ihn, wir vergiften ihn und verkaufen ihn, als sei er Ware.

» Dieses wissen wir: die Erde gehört nicht dem Menschen; der Mensch gehört der Erde. Dieses wissen wir: alle Dinge sind miteinander verbunden wie das Blut, das eine Familie vereint. Alle Dinge sind miteinander verbunden.« (Indianerhäuptling Seattle)

Das Testament der Erde

Wie müde ich bin. Jede Drehung wird mir zur Qual. Ja, Ruhe und Frieden möchte ich endlich haben. Wenn man aber so viele Kinder, Enkel und Urenkel hat wie ich, hat man auch im Alter noch keine Ruhe – im Gegenteil!
Nicht, daß ich mich beklagen wollte, aber ein bißchen mehr könnten sie sich schon um mich kümmern, jetzt, wo ich alt bin. Habe ich ihnen nicht lange genug alles gegeben, was eine Mutter nur geben kann?! Und ohne Rücksicht auf mich haben sie sich jetzt auch noch den Rest genommen.
Ob sie denn wirklich vergessen haben, daß ich ihnen das Leben geschenkt habe und alles, was sie zum Leben brauchen. Sie schämen sich wohl ihrer niederen Herkunft, jetzt, wo scheinbar etwas aus ihnen geworden ist. Sie wollen nicht wahrhaben, daß auch sie nur aus Staub sind, wie ihre Mutter. Wenn man so hoch hinaus will, vergißt man gerne, wo man herkommt ... und wo man unweigerlich auch wieder enden wird. Deshalb verstecken sie mich bestimmt auch, wo immer sie können.
Dabei könnte ich noch so gesund aussehen, wenn sie sich besser um mich gekümmert hätten, oder besser gesagt: wenn sie mich früher in Ruhe gelassen hätten. Denn bis vor kurzem war ich noch eine richtige Schönheit. Wenn ich im Frühjahr mein Festkleid anhatte, konnten sie sich nicht mehr einkriegen vor lauter »oh, wie entzückend« und »ah, wie herrlich«. Selbst jetzt werde ich noch oft gemalt, aber nur noch an sonnigen Tagen oder im weichen Licht eines Sonnenuntergangs ... Ach ja, im goldenen Sonnenlicht könnte man glatt vergessen, wie viele Jahre ich schon auf dem Buckel habe.
Wie es unter der Oberfläche aussieht, interessiert diese Sonntagsmaler natürlich nicht! Denn – unter uns gesagt: innerlich bin ich ein Wrack. Und die 1000 Medikamente machen alles nur noch schlimmer.
Na, die werden sich noch wundern, wenn mein Segen einmal ausbleibt! Die glauben wohl, das könnte ewig so weitergehen. Haben die denn immer noch nicht begriffen, daß es den Goldesel nur im Märchen gibt?
Zum Glück habe ich mein Testament schon geschrieben. Nur schade, daß ich nicht dabei sein kann, wenn es geöffnet wird. Die Gesichter würde ich gerne sehen! Nicht, daß ich einen von ihnen übergangen hätte, nein: gerecht war ich immer und werde es auch bis zum letzten Atemzug bleiben. Aber das, was ich ihnen überlassen werde, damit werden sie nicht rechnen: MÜLL, nichts als MÜLL.

Den ganzen Mist, den sie im Laufe der Jahre bei mir abgeladen haben, den sollen sie haben! Und ich verspreche Euch: es wird keiner leer ausgehen!
gez. Mutter Erde

Manuela Lowak-Herche

biographie eines ackers

erobert
in besitz genommen
mit schweiß und blut getränkt

zerfurcht
mit füßen getreten
der frucht beraubt
ausgebeutet
gedoped
in grund und boden vergiftet

zerstückelt
behandelt wie der letzte dreck
zum spekulationsobjekt verkommen

verplant
zubetoniert
unter asphalt begraben

der herr hat's gegeben
wir haben's genommen

amen?

Manuela Lowak-Herche

Gute-Nacht-Kirche zum Thema Erde

Medien: Dia vom Planeten Erde
Musik: G. Deuter – Silence is the answer

Erde ist überall – sie ist ...

- unser Planet, jene Kugel im Weltall, die von den Astronauten so zauberhaft fotografiert wurde. (Bild Erdkugel)
- unser Lebensraum, auf dem pflanzliches, tierisches, menschliches Leben existieren kann – wir reden auch von ihr als »Mutter Erde«.
- der Boden, in den das Weizenkorn gelegt wird, damit es Frucht bringt.
- die in ständigem Wandel befindliche Welt: Die Jahreszeiten wechseln: Das Frühjahr – Zeit der Saat, des Neuanfangs und Aufbruchs; der Sommer – Zeit des Wachsens und der Reife; der Herbst – Zeit der Ernte; der Winter – Zeit der Erholung und der Stille, Brachzeit.

Die Erde ist anvertraut

- Macht euch die Erde untertan – so hat Gott uns seine Schöpfung anvertraut.
- Der Mensch hat sich die Erde zu eigen gemacht, er hat Gottes Auftrag ernst genommen und die Erde kultiviert und verwandelt.
- Der Mensch hat sich die Erde zu eigen gemacht, er hat Gottes Auftrag zu wörtlich genommen und die Erde ausgebeutet und vergiftet. Er hat vergessen, daß er nur Gast auf Erden ist, und er hat vergessen, an seine Kinder und Kindeskinder zu denken, die dieses Erbe anzutreten haben. (Stille)
- Wie sieht es aus bei mir: Gehe ich achtlos durch die Natur – oder betrachte ich dankbar und freudig, was die Erde hervorbringt, was wächst und blüht?
  (In der Mitte Schälchen mit Erde, Sonnenblumenkerne)

Ich will ein Zeichen setzen

- Geschichte vom Samen etwas ergänzt auf die Freizeit bezogen erzählen. (Die Geschichte ist abgedruckt in: Willi Hofsümmer, 225 Kurzgeschichten, Mainz)
- Hier liegt dieser Same vor uns und ist in die Erde gefallen. Er trägt viele

Namen: Begegnung, Freundschaft, Gespräch, Umarmung, Kursgruppe, Du, oder auch »Mein eigenes Ich«.

- Und heute, hier und jetzt, will ich, wollen wir ein Zeichen setzen: Dieser Same wird in die Erde fallen und fruchtbaren Boden in mir, in anderen, in Gruppe und Gemeinde suchen.
- Er braucht den fleißigen, empfindsamen Regenwurm, der ihm den Boden bereitet – nicht den blinden Maulwurf, der ihn nicht wahrnimmt und links liegen läßt.
- Er sucht die Wärme – derer, die sich für ihn interessieren und sich um ihn kümmern.
- Er benötigt Licht und vor allem Zeit und Geduld, um wachsen und gedeihen zu können.
- Vielleicht wird er sich dann eines Tages, als kleiner Baum oder auch als zartes Pflänzchen nach oben strecken – aufrecht – dem Winde standhaltend – fest verwurzelt in der Erde, in sich selber und in dem, der ihn geschaffen hat – mit lebenswichtigen Nährstoffen gut versorgt – weiter wachsen – blühen – ein Teil dieser Erde sein – einmalig – unverwechselbar – und Frucht bringen.

Dieter Barth

Kräuterweihe

Bei diesem Fest geht es um die Heilkräuter und das Lebensnotwendige, das uns die Erde schenkt. Wachstum, Gedeihen und Gesundheit sind in Gottes Hand. Seine Schöpfung, die Erde, bringt hervor, was uns leben und gesunden läßt. Der Sommer schenkt uns die Heilkräuter. Um sie zu finden und zu sammeln ist es gut, wenn eine kräuterkundige Person dabei ist, die die Pflanzen, ihren Standort und ihre Anwendung kennt. Das Fest Kräuterweihe wird am 15. August (Mariä Himmelfahrt), in manchen Gegenden auch am 8. September (Mariä Geburt) gefeiert. Beim Gottesdienst an diesem Tag werden sogenannte Kräuterbuschel mitgebracht und gesegnet. Eine Kräuterbuschel ist eine Art Blumenstrauß aus Heilkräutern und – je nach Gegend verschieden – auch mit Grundnahrungsmitteln aus dem Garten z.B. einer Zwiebel oder Möhre und auch Getreideähren.

Die Sommerfreizeit ist eine gute Gelegenheit, einmal einen Kräuterspaziergang zu machen, die Heilpflanzen kennenzulernen und ihre Anwendung auszuprobieren. Tee mit frischen Blättern, Umschläge und Öle/Salben kann man selber herstellen oder kennenlernen.

Viel Freude macht es, eine Kräuterbuschel zusammenzustellen. Jede/r kann das individuell tun. Einige wichtige Kräuter seien hier genannt:

Die *Königskerze* bildet fast überall den Mittelpunkt der Kräuterbuschel. Der Tee aus getrockneten Blüten wirkt bei Husten und Bronchitis. Umschläge mit Blättern und Blüten erweichen Geschwüre und Geschwülste.

Das *Johanniskraut* gilt als bewährtes Nervenmittel, gibt gesunden Schlaf und ist gut gegen Kopfschmerzen. Johanniskrautöl wird bei Verbrennungen und Verbrühungen angewandt, bei Gicht, Rheuma und Ischias. Es wird als Medizin gegen alle Steinleiden verwendet, weil es die Säfte des Körpers in Bewegung bringt.

Die *Schafgarbe* verbreitet einen aromatischen Duft, sie enthält ätherische Heil- und Bitterstoffe, die antiseptisch, schleimlösend und verdauungsfördernd wirken. Blüten und Blätter werden als Tee angesetzt, der blutreinigend ist und hilfreich bei Blutungen, bei Bronchitis, Magenschwäche und Darmentzündungen. Wenn grüne Blätter auf Wunden gelegt werden, schließen diese sich besser.

Die *Ringelblume* ist eine der bedeutendsten Heilpflanzen. Als Tee wirkt sie blutreinigend, als Salbe wird sie angewandt bei Venenentzündungen, Ekzemen, Pilzgeflechten, bei Stoß-, Stich-und Platzwunden. Die Salbe wird hergestellt, indem feingeschnittene Blütenköpfe in Schweineschmalz gelegt werden.

Beifuß: Seine Bitterstoffe helfen bei Magen- und Darmstörungen, wirken appetitanregend und verdauungsfördernd.

Der *Spitzwegerich* begegnet uns überall an Wegen und Wiesen. Bei Insektenstichen zerriebene Spitzwegerichblätter auflegen bringt rasche Linderung. Der Tee hilft bei Husten.

Salbei ist blutstillend und harntreibend. Außerdem ein bewährtes Gurgelmittel bei Mund- und Rachenentzündungen. Auch Salbeiblätter lindern Insektenstiche.

Die *Wegwarte* ist ein bitteres Anregungs- und Kräftigungsmittel, das bei Appetitlosigkeit, Gallen- und Leberstörungen am besten zusammen mit Löwenzahn und Pfefferminze eingenommen wird.

Der *Odermennig* wird von Insekten als Nahrungsmittel begehrt. Die Blätter und Blüten dienen als Tee bei Leber-, Gallen-, Nieren- und Magenleiden.

Der *Dost* hat die Kraft, dem Menschen Freude und guten Mut zu geben. Er wird deshalb bei längerer Krankheit als Tee verabreicht oder zu kräftigenden Bädern verwendet. Die Pflanze enthält ätherische Öle und Gerbstoffe mit krampflösender, windtreibender, hustenstillender und schleimlösender Wirkung. Der Aufguß wird bei Erkrankungen der Luftwege, bei heftigem Husten und Bronchitis verwendet.

Die *Rosenmalve* dient nicht nur der Zierde, sondern auch der Heilung. Ihre äußere Wirkung erstreckt sich auf Insektenstiche, Brand-, Schürf- und Stichwunden. Der Tee hilft bei Husten und Heiserkeit.

Das *Hirtentäschel* mit den vielen dreieckigen Samen an den langen Stengeln ergibt Tee mit fiebersenkender Wirkung.

Der *Thymian* wird allgemein als Gewürzpflanze angebaut. Am Abend in Wein gekocht und am Morgen nüchtern getrunken, löst Thymian allen Schleim. Er erfreut sich deshalb großer Beliebtheit als Heilmittel bei Erkältungskrankheiten, besonders bei Bronchialkatarrh.

Augentrost wirkt heilend bei Erkrankungen der Augen, bei Lidrand-, Hornhaut- und Tränendrüsenentzündungen, innerlich auch bei Nasen- und Luftröhrenentzündung.

Baldrian finden wir auf feuchten Wiesen und an Waldrändern. Aus den Wurzeln wird ein Öl gewonnen. Baldriantropfen haben eine krampflösende Wirkung und sind ausgezeichnete Beruhigungsmittel.

Lavendel wirkt beruhigend, krampflösend und nervenstärkend. Getrocknete Sträußchen vertreiben Motten im Schrank und Fliegen aus den Wohnräumen.

Der *Huflattich* ist ein bewährtes Mittel gegen Husten und Heiserkeit. Blätter auflegen hilft bei Quetschungen und Verstauchungen.

Auch Gewürze haben positive Wirkungen auf den Organismus und gehören in die Kräuterbuschel:

Liebstöckel und Rosmarin wirken kreislaufanregend und kräftigend.

Estragon wirkt appetitanregend und harntreibend.

Pfefferminze wirkt krampflösend und beeinflußt Magen und Darm bei Blähungen und Krämpfen.

Die echte *Kamille* darf in keiner Hausapotheke fehlen. Sie wird innerlich und äußerlich angewendet. Der Tee aus den Blütenköpfen wird bei Magenbeschwerden getrunken. Äußerlich wird Kamille wegen ihrer entzündungshemmenden Eigenschaften bei Wunden benützt.

Getreidearten wie Roggen, Weizen, Gerste und Hafer gehören in die Kräuterbuschel, um Segen für die neue Ernte zu erbitten.

Gottesdienstelemente
Die Heilkräuter oder die gebundenen Kräuterbuschel geben einem Gottesdienst einen besonderen Charakter (Farben, Duft).
Als Themen für so einen Gottesdienst bieten sich an:
Wo brauchen wir Heilung? Umgang mit Verletzungen; stark und gesund werden.
Bei Mt 14,34–36 wird deutlich, welche heilende Wirkung von Jesus ausging.
In Gen 1,29–31 wird zeigt, daß die (Heil-)Pflanzen die Lebensgaben Gottes für uns Menschen sind.
Gemeinsam einen Tee aus Kräutern trinken oder eine Salbung mit Heilöl zu machen, kann dem Gottesdienst einen Erlebnischarakter geben.

Gebet
Unser Gott, wir danken für das Werk deiner Schöpfung, das duftende Blumen, heilende Kräuter und Nahrungsmittel für uns hervorbringt.
Du erfreust und stärkst uns und läßt uns etwas von deiner Liebe und Schönheit erahnen.
Wenn wir schwach und krank sind, laß uns auf die Heilkräfte der Natur vertrauen und nicht allzu schnell zu Schmerztabletten und anderen chemischen Stoffen greifen, die unseren Körper belasten.
Segne du diese Kräuter und unsere Gesundheit, so daß wir uns am Leben erfreuen können. Amen.

Segenswünsche
Ich wünsche dir
die Unverwüstlichkeit, Tatkraft und Lebensfreude, die im Löwenzahn steckt.
Ich wünsche dir
die tiefe Verwurzelung einer Ringelblume.
Ich wünsche dir
die Geselligkeit des Huflattichs, der nie alleine wächst.
Ich wünsche dir
die Lebensfreude und Kraft der Sonne, die das Johanniskraut in dir wecken kann.

Ich wünsche dir
die Hartnäckigkeit der Brennessel, die als Unkraut gilt, sich schwer vertreiben läßt und sich zu wehren weiß.
Ich wünsche dir
die Beruhigung und Entspannung, die die Melisse und der Baldrian schenken.
Ich wünsche dir
Wachstum, Gesundheit und Freude an allem, was wächst und blüht. Amen.

Jutta Schnitzler-Forster

Luft

Gelobt seist du, mein Herr
durch Bruder Wind und die Luft,
durch wolkig und heiter und jegliches Wetter!
Durch sie erhältst du, was du schufst, am Leben.

Aus dem Sonnengesang des Franziskus

Über die Luft

Luft ist nicht greifbar wie der Boden,
nicht faßbar wie das Wasser, das Wesen der Luft ist Flüchtigkeit.
Luft – durchsichtiges, wehendes Nichts. Wir nehmen die Luft wahr, wenn sie uns als Wind umfängt, wenn sie Düfte zu uns trägt oder wenn wir wahrnehmen, daß sie stickig oder muffig ist. Manchmal auch in Brisen und Böen, die uns durchpusten.
Winde, die reinigen und erneuern, Stürme und Orkane, die bis zur Zerstörung wüten. Die erstaunlichste Eigenschaft der Luft ist, daß man von ihr auch getragen werden kann.
Der Traum vom Fliegen ist so alt wie die Menschheit. Vielleicht ist es das Gefühl der räumlichen Unendlichkeit und Freiheit, das die Luft einem geben kann, wenn man in ihr schwebt. Das unfaßbare Nichts, das doch so eine ungeheure Kraft besitzt.

Die Luft erleben durch

- Windräder
- Drachen
- Fallschirme / Paraglider
- den Atem
- Düfte
- (Seiden-)Tücher, die im Wind flattern
- Wolken beobachten

Ausgewählte Bibelstellen

Pfingstereignis Apg 2,1–13; alle Stellen in der Bibel, wo vom Geist Gottes berichtet wird. (Geist und Wind sind im Hebräischen das gleiche Wort!)

Möglichkeiten zur Gestaltung des Themas

- Heißluftballon bauen (Anleitung siehe Bastelbücher)
- mit Düften experimentieren
- bei Gewitter Sturm erleben
- den Atem wahrnehmen

Texte

Luft ist überall, dringt überall hinein, füllt Räume aus, durchströmt selbst jeden menschlichen Körper. Ich kann ihr nicht entfliehen, und wenn ich es versuchen wollte, wäre es absolut tödlich für mich.
Ich bin damit auch allem ausgesetzt, was die Luft mit sich bringt. Den Düften des Sommers und dem Brausen des Herbststurmes, aber auch all den Giftstoffen und dem Dreck, den wir heute als Müll in die Luft abgeben. Luft ist auch Atem, Lebenshauch.
»Es atmet mich«, sagen in der Meditation erfahrene Menschen. Nicht ich atme, sondern ich werde beatmet. Ein Lebensvorgang, der ohne mein bewußtes Handeln und Planen geschieht.
Darin liegt eine wichtige Erfahrung. Ich bin nicht dafür zuständig, daß mein Körper beatmet wird und damit leben kann. Es funktioniert einfach so, ob es mir bewußt ist oder nicht.
Eine wichtige Grunderfahrung kommt damit zum Ausdruck: Nicht alles im Leben wird gemacht und gestaltet, vieles ist uns – wie Luft und Atem – geschenkt.

Lydia Ossmann

Atem-holen

Eine besondere Hilfe zum Ankommen und Loslassen kann sein, sich dem Rhythmus unseres Atems anzuvertrauen und sich durch eine angeleitete Atemerfahrung einstimmen zu lassen:

Ich öffne mich dem Himmel	einatmen dabei die ausgebreiteten Arme nach oben führen
Ich bin ganz bei mir	Atem innehalten, dabei die Handflächen vor die Augen führen
Ich öffne mich der Welt	ausatmen, dabei ausgebreitete Arme seitlich nach unten senken

Diese Übung mehrere Male, jede und jeder im eigenen Atemrhythmus, wiederholen.

Luft

Luft, wie viele Herzschläge lang ohne dich
könnte ich leben!
Meine Angst
zu ersticken,
wo du nicht bist und hindurchgehst durch mich.
Luft, unsichtbar Allgegenwärtige,
man nannte dich Pneuma, Geist,
Atem und Hauch.
Du wurdest mir eingeblasen,
als ich Lehmkloß war.
Ich kann atmen, sprechen und singen,
die Flöte spielen durch dich.
Luft, klare, unvermengte
in Höhen, wo ich noch atmen kann,
auch wenn du dünner wirst.
Wie ich dich liebe,
seit ich weiß, was man dir antut!
Nicht dir alles, was wir atmen
und schlucken müssen
und was sich ablagert
in Fleisch und Blut und Bein,
bedrohlich unbekannt.
Du, Medium für vieles,
für Harzduft und giftiges Blei.
Wenn du fast sichtbar hängst
über der Stadt, dunstige Last,
Alptraum, ohne bewegenden Wind,
und die Kranken nach dir flehn,
keuchend voller Beklemmung,
du Reine, kommen die Zweifel
an deiner Unschuld.
Das laste ich anderen an.
Nicht dir.
Auch wenn sie Gesetze erlassen,

Anleitungen zum Schutz
und zur Reinhaltung der Luft:
Wieviel brauchst du,
um wieder zu sein,
was du warst,
Pneuma, Geist, Atem und Hauch.
Luft, zitternd und tanzend
in der Hitze des Mittags,
wenn du herwirbelst zu mir
im Schleiertanz
den Duft von warmem Holz
und Thymiankraut.
Nichts brauche ich zum Leben
mehr als dich!

Elke Oertgen

Gute-Nacht-Kirche zum Thema Luft

Musik: Möwe Jonathan

Die Luft – sie ist in aller Munde – ohne Luft
könnten wir uns schlecht verständigen.
Mancher hat jetzt sicher das Gefühl, noch in der Luft zu hängen: Knappe sechs Tage liegen vor uns, was erwartet mich? Was für Leute sind um mich herum? Noch sind sie z.T. Luft für mich – wie sieht die Umgebung aus? Schmetterlinge oder Flugzeuge im Bauch – es liegt etwas in der Luft – Spannung, Neugier, Aufregung …
Diese Woche wird sicher ganz anders als die Wochen zu Hause. Mal sehen, was hier für ein Wind weht – es liegt ganz an uns …

Dia: Möwe
(wer will, kann etwas dazu sagen)

Viele haben sicher schon einmal davon geträumt, fliegen zu können – was heißt das? Den Alltag hinter sich zu lassen, frei sein von Alltagszwängen. Hier auf der Freizeit ist es möglich, hier gibt es keine Termine, die uns kaum Luft lassen für uns selbst, den anderen, Gott. Hier atmen wir: Luft zum Spielen, Lachen, Reden, Quatschen, Witze Reißen, ernsthaft Reden, Ausschnaufen, Aufatmen, Ausgelassensein, in die Luft Gehen, Luft Ablassen.

Die Luft, unser Atem, ermöglicht es uns, miteinander zu reden, einander besser kennenzulernen. Wenn wir ihn richtig nutzen, können hier auch Freundschaften entstehen oder weiterwachsen; dann hängen wir auch nicht mehr alleine in der Luft und entfliehen alle gemeinsam dem Alltag.

Schluß:
»Was für den Vogel die Schwingen,
das ist für den Menschen die Freundschaft:
Sie erhebt ihn über den Staub der Erde.«

Feuer

Gelobet seist du, mein Herr,
durch Bruder Feuer, mit dem du die Nacht erhellst!
Und wie schön ist es und munter und stark und gewaltig!

Aus dem Sonnengesang des Franziskus

Über das Feuer

Feuer fällt auf: Es leuchtet und stellt sich dar. Unübersehbar zeigt es sich. Feuer verbreitet Wärme und Licht. Feuer läutert und reinigt. Es schmeichelt durch seine Wärme und kann auch wehtun. Kinder spielen gern mit Feuer, aber können sich leicht daran verbrennen. Feuer ist nicht an die Schwerkraft gebunden, mühelos steigt es empor. Heiliger Geist kommt in feurigen Zungen.

Feuer erleben durch

- Streichhölzer
- Kerzen
- Fackeln
- Lagerfeuer
- Feuer speien
- Lichtboote (Schwimmkerzen)
- Blitze
- die Sonne
- Wunderkerzen
- Holzbackofen

Ausgewählte Bibelstellen

Gott in der Feuersäule Ex 13,22
Brennender Dornbusch Ex 3

Pfingstereignis   Apg 2,1–13
Ich bin das Licht der Welt   Joh 8,12
Ihr seid das Licht der Welt   Mt 5,14

Gebet

Feuer
Feuer entsteht aus kleinen Funken.
Aber nur, wenn es etwas gibt,
das sich anstecken läßt.
Dann wird das Feuer
zu einem Licht,
das wärmt
das durch seine Hitze
etwas verändert.
Gott,
laß deinen Funken auf mich
überspringen,
damit ich
deinen Funken
weitertragen kann,
damit ich die Welt ein bißchen
verändern kann,
damit ich die
Menschen ein bißchen
verändern kann,
damit ein großes
Feuer
entsteht,
das uns Menschen von der
klebrigen Schlacke, die uns umhüllt, befreit. Amen.

Die Kälte und das Dunkel sind zwei von den großen Verursachern von Angst. In einer Eiswelt und in der Finsternis möchte ich nicht leben. Warm soll es sein und Licht brauche ich. Deshalb bin ich des Feuers bedürftig und schaue aus nach einem Feuerbringer. Und ich hoffe, daß etwas von diesem Feuer auch in mich fällt und mich verändert. Denn auch ich möchte nicht kalt und lieblos, dunkel und einsam bleiben. Feuer schmerzt zwar, aber es läutert auch, Feuer erschreckt, aber es verwandelt. Deshalb halte ich Ausschau nach dem Feuer.

Otto Betz

Sonnenstrahlentanz

Die Sonne ist bei allen Völkern eines der wichtigsten Symbole, sie wird auch als Gott verehrt. Sie verkörpert das Licht, das Feuer, also lebensspendende Elemente. Ihre Strahlen machen die Dinge erkennbar, deshalb wird sie auch mit Gerechtigkeit verbunden – »die Sonne bringt es an den Tag«. Christus wird auch die Sonne der Gerechtigkeit genannt. Die Sonnenscheibe erscheint als Nimbus über dem Haupt Gottes oder als »Heiligenschein« bei den Heiligen der christlichen Religion. Unser Sonnenstrahlentanz symbolisiert natürlich die Sonnenstrahlen, die Wärme und die Helligkeit, die sie spenden. Vielleicht veranschaulicht dieser Tanz auch die große Sehnsucht nach Licht, selbst noch inmitten der Nacht (Mitternachtssonne).
Meditative Elemente dieses Tanzes sind: Sonne und Kreis als Sonnensymbol. Sonnenrad, rückwärts – vorwärts und allmählich weiterziehen, immer zur Mitte zentriert, ausdehnen und zusammenziehen.
Aufstellung: Wieder stellen sich alle in geschlossenem oder geöffnetem Kreis auf.
Ornamentik des Raumweges

Tanzform und Taktteile:

1 Rechter Fuß rückwärts zurück	Hände senken sich
2 linker Fuß rückwärts zurück	
3 rechter Fuß vorwärts und Gewicht vorverlegen	
4 linker Fuß mit Gewicht rückverlagern, Wiegeschritt	
5 rechter Fuß vorwärts und Gewicht vorverlagern	
6 linker Fuß vorwärts	Hände erheben sich allmählich zur W-Fassung
7 rechter Fuß nach rechts zur Seite	
8 linker Fuß schließt an rechten Fuß mit Gewicht	

Als Musik für den Tanz eignen sich Schreittänze aus dem Barock.

Naturalmeditation

Mit Jugendlichen meditieren

Meditation: Still werden, wahrnehmen, sich öffnen und warten, spüren und fühlen, was mir geschieht, annehmen, was ist,
Der Wunsch zu meditieren, entspringt der Sehnsucht, ganz bei sich zu sein, Zeit und Umgebung zu vergessen, sich selbst intensiv wahrzunehmen und dann auch »wahr zu nehmen«, d.h. der Wahrheit über sich auf die Spur zu kommen.
Für viele ist der meditative Bereich etwas Neues, es kann also nur um kleine, einfache Schritte gehen. Hier bietet sich die naturale Meditation an.
Die naturale Meditation beinhaltet alles, was wir uns »gegenüberstellen« können: Angefangen vom eigenen Leben (dem Leib, wie auch bestimmten Lebenssituationen), über Natur- und Kulturdinge, Symbole, Musik, Texte, Bilder, Werke der Technik bis hin zu den Mitmenschen. Ein besonderer Wert der naturalen Meditation liegt im leichten Zugang. Sie bedarf keiner ausdrücklichen kirchlich-religiösen Haltung – wie wir es doch sehr häufig bei Kindern und Jugendlichen erleben. Und doch ist für »gläubige« Menschen Gott anwesend in allem, was uns umgibt, wie auch in uns selbst.
Deshalb hat ein Sich-Einlassen auf die Schöpfung und das, was wir Menschen beigesteuert haben, immer schon eine religiöse Dimension: Wir stellen uns einem Gegenstand, d.h. erkennen etwas als Gegenüber, das uns etwas mitzuteilen hat, das uns bereichern und verwandeln kann. Das verlangt eine gewisse Achtung und Würde und fördert sie gleichzeitig. Wer der Wirklichkeit auf der Spur ist und die Wahrheit sucht, sucht immer auch Gott, auch wenn das unbewußt geschehen mag.
Meditation verlangt die Bereitschaft, sich auf sich selbst einzulassen. »Das Gegenüber« spricht mich ganz persönlich an, d.h. meditieren ist für jeden anders. Viele können oder wollen sich nicht darauf einlassen. Deshalb ist es wichtig, daß ein solches Angebot freiwillig ist und nicht als fester Programmpunkt für alle verpflichtend festgelegt wird.
Für die Vorbereitung einer Meditation ist es zudem wichtig zu beachten, daß die Gruppe nicht unter- oder überfordert wird. Jüngere TeilnehmerInnen, die von ihrer Reife her eher noch Kinder sind, werden mehr Führung und mehr gemeinsame Elemente brauchen, weil die Gemeinschaft der Gruppe für sie

eine bedeutendere Rolle spielt als bei Jugendlichen, die auf der Suche nach der eigenen Identität sich eher als einzelne erleben.
An das, was für die meisten JungendbegleiterInnen eine Selbstverständlichkeit ist, sei hier nur mit einem Satz erinnert: »Tu nichts mit anderen, was du nicht selber kennengelernt, ausprobiert und für gut befunden hast!«

Wie fange ich's an?
Als erstes wird der *Anlaß* zu berücksichtigen sein: Ist die Meditation als Morgen- oder Abendbesinnung gedacht oder als Element des Gottesdienstes, oder als alternativer Programmpunkt – evtl. auch im Rahmen einer Wanderung?

Dann gilt es, sich auf einen *Gegenstand* festzulegen. Oft bietet sich etwas an, zu dem bereits vorher Kontakt aufgenommen wurde (z.B. Erlebnisse an einem Bach; einen Zaun als Hindernis; eine Wegkreuzung im Wald; ein bereits bewunderter, markanter Baum ...). Oder man/frau läßt vorher (z.B. bei einem Spaziergang) einen zuvor vereinbarten Gegenstand mitbringen, wie etwa einen Stein, einen Ast, eine Blume, Rinde, Wurzeln o.ä. (Diese Möglichkeit bietet sich vor allem für die Meditation im Rahmen eines Gottesdienstes an.) Als Einstieg eignen sich besonders einfache Kulturdinge wie Schlüssel, Brot, Schale, Kerze, Haus, Netz. Die tiefe Symbolkraft dieser Dinge geht weiter über den konkreten Nutzen hinaus.

Der Raum, die *Umgebung* muß stimmen, d.h. vor Störungen – soweit planbar – geschützt sein. Unbedingt notwendig ist eine Absprache mit dem Team. Grundsätzlich ist die Meditation »vor Ort« besser, als den Stein, das Bäumchen, die Blume oder anderes in den Raum zu bringen – evtl. auch als Bild (Dia). Manchmal aber ist man ungestörter im Haus, oder das Wetter läßt ein Rausgehen nicht zu. Dann sollte es aber schon ein großzügiger Gruppenraum sein. Für draußen eignen sich markante Plätze wie Lichtungen, Gipfel, abgelegene Winkel.
Obwohl Meditieren eine sehr persönliche Angelegenheit ist, kann die Gemeinschaft sehr gut tun und die Konzentration fördern, wenn die TeilnehmerInnen im Kreis sitzen und der Meditationsgegenstand die Mitte bildet. Dabei sollte der Abstand zueinander mindestens einen Meter betragen.

Atmosphäre schaffen durch sanfte Musik. Das betrifft die Meditation im Haus. Musik trägt zur Entspannung bei. Gleichzeitig lassen sich dadurch störende Geräusche, z.B. durch Verändern der Körperhaltung oder lautes Atmen, Husten usw. abdämpfen. Es müssen nicht unbedingt die ehrwürdigen Meister der Klassik sein. Auch moderne Musik kann meditativ sein. Wenn die Musik eher ablenkt, als zur Konzentration beiträgt, oder wenn es zum Streit um die »richtige« Musik kommt, ist Stille vorzuziehen. Außerdem soll der Raum gut gelüftet sein. Unordnung stört. Alles was ablenkt, ist nach Möglichkeit wegzuräumen.

Eine einheitliche *Körperhaltung* ist sehr schön anzusehen, aber nicht unbedingt zweckmäßig. Sinnvoll ist es, bereits vor Beginn einige Haltungen ausprobieren zu lassen (auf dem Stuhl sitzend, liegend, am Boden sitzend).

Konkrete Zeitangaben können viel Ungewißheit vermeiden. So kann nach einer Einführung oder einem vorbereitenden Gespräch der Hinweis folgen: »Wir nehmen uns jetzt zehn Minuten Zeit und lassen den Gegenstand auf uns wirken.« Etwa eine Minute vor Ende dann leise: »Wir kommen bald zum Schluß.«
Bei längeren Zeiten (15 bis 30 Minuten) kann es sein, daß sich Rückenschmerzen, ein Zwicken oder Unwohlsein einstellen.
Die Ermunterung, den Schmerz bis zum gemeinsamen Ende auszuhalten, kann eine wichtige Erfahrung ermöglichen: Das Aushalten oder Annehmen von Unangenehmem. Es kann genauso gut und richtig sein, dann eben diesen Schmerz zu meditieren, da hier der eigene Körper mit seinen Grenzen sich spüren läßt und so zu uns spricht. Das gilt natürlich nicht bei Schmerzen, die aufgrund einer ungünstigen Körperhaltung entstehen.

Den *Ablauf vorher besprechen* (vgl. dazu Beispiel A).

Ein *Erfahrungsaustausch* sollte in jedem Fall ermöglicht werden, sowohl dahingehend, wie es den TeilnehmerInnen dabei gegangen ist (Gefühle), wie auch was ihnen eingefallen oder aufgegangen ist (Gedanken). Wichtig ist hier, daß es zu keiner Wertung kommt. Es gibt kein Richtig und Falsch der Gedanken, die jemandem kommen, und schon gar nicht ein Gut oder Schlecht – auch nicht Erfolg oder Mißerfolg.

Was kann passieren?

- Es schläft jemand ein. Wenn es stört, einfach wecken (evtl. dem Nachbarn ein Zeichen geben).
- TeilnehmerInnen fangen an zu kichern. Das kommt hin und wieder vor. Nicht tadeln, sondern abklären (vgl. Beispiel A). Um Toleranz der anderen bitten.
- Alle reden auf einmal. Meistens gibt sich das von selber. Es kann auch um Wortmeldungen gebeten werden.
- Enttäuschung. Meditation ist vor allem Übungssache. Als erstes muß der/die Meditierende lernen, das anzunehmen, was ist. Das kann auch die Unfähigkeit sein, sich heute zu konzentrieren. (Auf den konkreten Augenblick hin zu relativieren, kann eine Ermunterung sein, es doch wieder zu probieren.) Enttäuschung von TeilnehmerInnen nicht persönlich nehmen.

Meditation als besinnlicher Einstieg in den Tag (Beispiel A)

Vorüberlegungen und Vorbereitungen

- Meditationsgegenstand: Ein Weidezaun beim Zeltlager; in fünf Minuten zu Fuß zu erreichen.
- Ankündigung am Vorabend: »Treffpunkt ist um 7.00 Uhr am Gemeinschaftszelt. Wir brauchen bequeme Kleidung und evtl. eine Matte zum Draufsetzen (wg. Tau).«
- Der Platz, an dem meditiert wird, liegt neben dem Weg. Mehrere dort gelagerte Baumstämme bieten eine Sitzgelegenheit für alle, die nicht gern am Boden sitzen wollen. Der Weidezaun (runde Holzpfähle mit zwei dazwischen gespannten Stacheldrahtbahnen) ist ca. zwei bis drei Meter von den Betrachtern entfernt, die sich im Halbkreis niederlassen können. Einige störende Äste werden beiseite gezogen.
- Anweisung gut überlegen, evtl. Stichpunkte notieren. Ungeübten kann es eine gewisse Sicherheit geben, die Anweisungen schriftlich zu formulieren.

Ablauf

- Am Ausgangspunkt (Gemeinschaftszelt) den Ablauf grob durchsprechen: »Wir gehen ca. fünf Min. zum Weidezaun am Weg. Wenn wir dort sind, werden wir den Zaun genau anschauen. Dazu nehmen wir uns etwa fünf Minuten Zeit. Dann wählen wir eine bequeme Körperhaltung im Halbkreis. Wenn wir gut sitzen, sind wir noch einmal still, dann sagen wir einander, was wir wahrnehmen. Anschließend halten wir zehn Minuten Stille. In einer Abschlußrunde sagen wir, wie es uns ergangen ist. Wir gehen gemeinsam zurück zum Frühstück. Insgesamt werden wir etwa eine dreiviertel Stunde brauchen.« (Fragen klären!)
- Den Weg gehen.
- »Wir gehen zum Zaun hin, schauen ihn uns an und erspüren ihn. Du kannst ruhig versuchen, das Hindernis zu überwinden. Aber mach es allein und schweigend. Wenn jemand lachen muß, dann laß dich nicht allzu sehr stören. Das kommt vor wegen der Anspannung und dem ungewohnten Schweigen.«
- Nach vier Minuten: »Wir suchen langsam einen passenden Platz zum Meditieren. Bitte auf einen guten Blick zum Zaun achten.«
- Wenn alle sitzen (knien, liegen ...): »Achtet auf eine bequeme Körperhaltung. Ihr solltet eine gute Viertelstunde so aushalten können. Bewährt hat sich eine sitzende Haltung mit aufrechter Wirbelsäule. Dabei sollen die Knie immer tiefer als die Sitzfläche sein.« (evtl. Aufforderung: »Wir kommen zur Ruhe!«)
- »Wir schauen noch einmal kurz ganz still auf den Zaun und seine nähere Umgebung.« (Etwa eine Minute Pause.) »Wir teilen einander mit, was wir sehen, bzw. vorhin wahrgenommen, erspürt oder gefühlt haben. Gib bitte keine Bewertung der einzelnen Aussagen ab und auch keine Antworten auf die Aussagen anderer! Alles Gesagte bleibt so stehen. Auch wenn du etwas anderes siehst.«
  (Mögliche Beobachtungen: Kühe auf der Weide / das Gras hinter dem Zaun ist kürzer / die Dornen des Drahtes zeigen in alle Richtungen / der Draht schwingt leicht im Wind / an einer Stelle hängt Haar von einem Tier / ein Holzpfahl ist schief ...)
- Wenn nach etwa zehn Minuten immer noch Beiträge kommen, ist es sinnvoll, abzubrechen. Etwa so: »Vieles ist bisher gesagt worden. So lange ich aufmerksam hinschaue, werde ich immer wieder etwas

Neues entdecken. Ich werde still und lasse den Zaun auf mich wirken. Ich muß nicht denken. Einfach schauen, spüren wie mir jetzt ist, was ich fühle, wenn ich den Zaun betrachte. Ich lasse Gedanken hochkommen. Ich versuche, diese zehn Minuten in Stille auszuhalten und bin offen für alle Gefühle und Gedanken, die sich einstellen. Vielleicht fallen mir Zäune in meinem Leben ein ...«
(Nach knapp zehn Minuten):
»Wir kommen zum Ende. Reihum (oder jeder wann und ob er will) können wir uns nun darüber austauschen, wie es uns gegangen ist und welche Gedanken gekommen sind. Manchem wird es schwergefallen sein, andere hätten noch viel mehr Zeit gebraucht.«
(Mögliche Aussagen: Zaun engt ein, schützt auch / fühle mich daheim - oder bei der Jugendfreizeit – auch oft eingesperrt / Zaun zu überwinden, kann schmerzhaft sein; in beide Richtungen / in jedem Zaun gibt es Schwachstellen / ich baue auch Zäune gegen Leute, die ich nicht mag / auf der anderen Seite ist es immer schöner ...)
»Vielleicht ergibt sich hier und da noch ein persönliches Gespräch aus dem, was wir einander mitgeteilt haben. Wir gehen jetzt gemeinsam zurück. Nicht unbedingt schweigend, aber auch nicht lärmend. Lassen wir die Meditation ruhig ausklingen.«
Reflexion am besten im Gesamtzusammenhang der Jugendfreizeit.

Meditation als Element im Gottesdienst (Beispiel B)

Vorüberlegungen und Vorbereitungen:
Meditationsgegenstand: Für die TeilnehmerInnen je ein Stein. Entweder einen Korb mit verschiedenen Steinen bereithalten (etwas mehr, als TeilnehmerInnen anwesend sind, damit eine gewisse Auswahl möglich ist) oder bereits vorher bei einer Wanderung einen Stein suchen und mitnehmen lassen. Die zweite Möglichkeit ist vorzuziehen, da hier bereits im Vorfeld eine persönliche Beziehung zum Meditationsgegenstand aufgebaut wird.
Für einen ansprechenden Rahmen ist (hoffentlich) schon bei der allgemeinen Gottesdienstvorbereitung gesorgt worden.
Hintergrundmusik bereithalten.
Bequeme Körperhaltung sollte möglich sein (z.B. genügend Platz, sich auf dem Boden hinzulegen oder hinzukauern).

Zeitplanung. Vor allem bei Eucharistiefeiern nicht zu lang (ca. 10 Min.). Bei Wortgottesdiensten ist eine längere Meditation möglich. Immer jedoch an den TeilnehmerInnen orientieren.
Ablauf mit Zeitangaben vor Beginn ankündigen.

Vorschlag
(Begleitend in leisem, ruhigem Ton, mit kleinen Pausen)
»Ich nehme meinen Stein in die Hand. Ich spüre seine Kälte – seine Kanten oder Rundungen – sein Gewicht.
Ich rieche an ihm. Nehme seinen Geruch wahr.
Ich betrachte seine Form, seine Farbe.
Ich spüre nach, ob der Stein und ich etwas ausgetauscht haben. Hat er mir von seiner frischen Kälte etwas abgegeben? Oder ich ihm von meiner Wärme? Sind wir uns näher gekommen?
Ist der Stein inzwischen *mein* Stein geworden? Mag ich ihn, oder bleibt er mir fremd und unangenehm? – Was ist es, was ich an ihm mag oder nicht mag? Gibt es da vielleicht Ähnlichkeiten zu meinem Leben? Wo erlebe ich etwas hart, kantig oder kalt und möchte es gerne anders haben? Wo ist Härte und Festigkeit wohltuend?
Ich nehme mir noch fünf Minuten Zeit für den Stein in meiner Hand.«
(5 Minuten Pause)
»Ich trenne mich vorerst von meinem Stein und lege ihn vor mich hin. Am Ende des Gottesdienstes kann ich entscheiden, ob ich ihn behalte und mitnehme, oder in den Korb zurücklege.«

Christine Wittmann

Bäume

Bäume als religiöse Symbole

Bäume sprechen die Seele des Menschen an. Unzählige Gedichte, Lieder und Bilder belegen die reichen Erfahrungen, die Bäume uns Menschen schenken. Bäume schenken uns durch die Photosynthese das Leben. Bäume sind Wesen mit Ausstrahlung. Im alten Orient wurden weibliche Gottheiten in Bäumen verehrt. Eine Spur davon gibt es noch in der Bibel: im Buch Jesus Sirach vergleicht sich die Weisheit Gottes mit Bäumen. Im Buch Hosea 14,96 stellt sich Jahwe als grünender Wacholder vor.
Wir kennen den Baum der Erkenntnis und manche den Baum der Weisheit (Sir 24,12 ff.). In unserem Lebensraum gibt es Bäume, Wälder. Sie sind bedroht durch die von uns verursachte Umweltzerstörung, wie uns das Waldsterben eindringlich zeigt. Nicht zu vergessen die Abholzung der Regenwälder in anderen Kontinenten. Erst sterben die Bäume, dann die Menschen, so lautet die Einschätzung von Fachleuten.
Es ist an der Zeit, daß uns Bäume wieder heilig werden. Von ihnen müssen wir lernen, im Einklang mit den Naturkräften zu leben.
Wenn wir wieder eine wirkliche Verbindung zu Bäumen spüren, wird das Bedürfnis, sie zu erhalten und zu schützen, existentiell.
Viele Freizeiten finden draußen statt. Bäume stehen meist überall. Lebensbäume zu entdecken, gerade mit Kindern und Jugendlichen, dazu laden wir ein.

Zugänge zu Bäumen

Kinder schließen Freundschaft mit Bäumen. Sie bauen Baumhäuser oder besteigen sie.
Verliebte ritzen Herzen und Namen in die Rinde von Bäumen, damit ihre Liebe mitwachse.
Markante Bäume sind Treffpunkte.
Bäume laden zum Ausruhen und Nachdenken ein.
Bäume geben Kraft, sind Sinnbilder für Erhabenheit.
Bäume sind beständig, einfach da.
Bäume sind individuell. Keiner gleicht dem anderen.

Wo Bäume sind, ist Wasser. Wo Wasser ist, ist Leben.
Bäume sind Sinnbilder für das Leben:

- verwurzelt sein
- Halt haben
- beständig sein
- einen festen Stand haben
- leben in wachsenden Ringen
- einfach da sein
- etwas aushalten
- die Jahreszeiten miterleben

Praxisvorschläge

Das Thema Bäume kann als Impuls oder im Rahmen eines Gottesdienstes aufgegriffen werden. Hier einige Elemente, die beliebig ausgewählt und kombiniert werden können:

- Treffpunkt bei einem markanten Baum:
  Den Baum gemeinsam anschauen (vgl. Bäume als religiöse Symbole), Assoziationen und Erlebnisse erzählen.
- Einen Baum zum Gegenstand einer Naturalmeditation machen (vgl. Kapitel Naturalmeditation).
- Jede/r sucht sich einen Lieblingsbaum und verbringt eine gewisse Zeit mit ihm (lädt andere zu seinem Baum ein und erzählt).
- Picknick unter Bäumen.

Körperübung: Stehen wie ein Baum

Wenn möglich, im Freien. Bei/unter Bäumen. Wichtig ist das Stehen auf festem Grund (barfuß oder in Schuhen) und Ruhe und Zeit, sich auf die Übung einzulassen.
Zuerst: einen guten Stand suchen (nicht zu eng und zu breit).
Den Kontakt zum Boden spüren.
Die Fußsohlen wahrnehmen. Wo fühlt sich eine Stelle kalt, hart oder warm an?
Spüre ich die Länge und Breite meiner Füße?
Wer möchte, kann die Augen schließen.
Stell dir vor, du bist ein Baum.

Es bilden sich Wurzeln an deinen Füßen.
deine Wurzeln in der Erde geben dir Halt, so daß du leicht hin- und herschwingen kannst. So, als ob ein leichter Wind dich bewegt.
Wenn du genug hast, schließe die Übung ab.
Bewege deine Zehen, deine Fußsohlen, öffne die Augen, schau' dich um und hol' dich wieder ins Hier und Jetzt zurück.
Wer möchte, kann von seinen Erlebnissen während der Übung erzählen.

Betrachtung über einen Baum am Wasser

Schau –
wie der Baum gedeiht,
der am Bach gepflanzt ist,
eingewurzelt im Erdreich
welkt er nicht,
er bringt saftige Früchte
in der Zeit der Sonnentage.
Schau –
wie er gedeiht.
So wirst du wahrhaftig,
widerstehst dem Gerede
täglich wechselnder Meinungen.
Unter den Menschen gelte
das Wort der Mutigen,
die Standpunkte vertreten.

Texte zu Bäumen

Bäume sind für mich Vorbilder.
Ich verehre sie, wenn sie in Völkern und Familien leben. Und mehr noch verehre ich sie, wenn sie einzeln stehen. In ihren Wipfeln rauscht die Welt, ihre Wurzeln ruhen im Unendlichen.
Sie verlieren sich nicht, sondern erstreben mit aller Kraft nur das Eine: ihre eigene Gestalt auszubauen, sich selbst darzustellen. Nichts ist heiliger, nichts ist vorbildlicher als ein schöner starker Baum.
Bäume sind Heiligtümer. Sie predigen das Urgesetz des Lebens.
Ein Baum spricht: In mir ist ein Kern, ein Funke, ein Gedanke verborgen, ich bin Leben vom ewigen Leben.
Einmalig ist meine Gestalt, einmalig das kleinste Blätterspiel und die kleinste Narbe meiner Rinde.
Meine Aufgabe ist es, im Einmaligen das Ewige zu gestalten und zu zeigen.
Ein Baum spricht: Meine Kraft ist das Vertrauen.
Ich vertraue, daß Gott in mir ist und daß meine Aufgabe heilig ist.
Wenn wir traurig sind und das Leben nicht mehr gut ertragen können, dann kann ein Baum zu uns sprechen:
Sei still! Sei still! Sieh mich an! Laß Gott in dir reden.
Du bangst, weil dein Weg dich aus deiner Heimat führt, aber laß dir sagen:
Heimat ist nicht da oder dort.
Heimat ist in dir drinnen oder nirgends.

Nach Hermann Hesse

Segen

Wie ein Baum
entfaltet sich Segen
über dir
Schatten spendet er
in Sommerglut
und seine Vögel
singen dir
ein Segenslied:
Gott ist mit dir
hab keine Angst
du darfst geborgen sein
gesegnet bist du
unter vielen
und mit den vielen
die auf deinem
Wege sind
und Leben schenkt er dir
der Segensbaum
verwurzelt
wie er ist
in Gott
und du darfst selber
Segen sein
für manchen Menschen
der da weint
darfst Baum
und Wurzel sein
und Nest und Lied
darfst für das Morgen singen
wider alle
Hoffnung

Eva Maria Leiber

Lebensbaum

Auf dem Weg von vorgestern nach übermorgen
lagere ich unter einem Baum
in seinem Schatten
für einen Bruchteil meines Lebens
in Gedanken an den Weg, das Ziel
die zurückgelegte Strecke
an all das, was am Wegesrand blüht
nicht geraubt werden darf
aber bewundert
nicht mißbraucht
aber geliebt
nicht entführt
aber in Erinnerung bleiben wird
Auf dem Weg von vorgestern nach übermorgen
lagere ich unter meinem Lebensbaum
in seinem Schatten
für einen Bruchteil meiner Zeit

Morgenimpuls

Baummeditation

Die Anwesenden gehen zu Paaren zusammen. Eine/r schließt die Augen und stellt den Baum dar (Arme = Äste).

Der andere Partner stellt sich hinter ihn/sie. Er versucht, als aktive(r) Partner(in) unter Einbeziehung seiner Phantasie, seiner Finger, Hände und seiner eigenen Assoziationen den gesprochenen Text auf den passiven, mit geschlossenen Augen als Baum dastehenden Partner zu übertragen. Es geht dabei nicht um viel und ständige Berührung und Bewegung, sondern um den gezielten Einsatz von Fingerspitzen, einzelnen Fingern im Rhythmus der Geschichte, um Handflächen, die sanften oder stärkeren Druck, schnelle oder langsame klatschende oder tänzelnde Bewegungen auf den Rücken/Körper des Partners/der Partnerin wirken lassen.

- Die Sonne geht auf. Die Sonnenstrahlen berühren den Baum und wärmen ihn. Von unten nach oben durchströmt ihn die Wärme, zuerst den Stamm bis in die Wurzeln, dann langsam hinauf in die Äste, die Zweige, bis in den Wipfel.
- Wolken ziehen heran, die Sonne verschwindet hinter den Wolken, bald beginnt es zu tröpfeln. Regentropfen fallen auf den Baum, von oben bis unten; die Äste des Baumes senken sich allmählich.
- Der Regen wird stärker, kräftiger: ein Gewitterregen. Dann kommt plötzlich ein Wind auf, er wird rasch zum Sturm. Der Baum wird hin- und herbewegt und kräftig geschüttelt.
- Der Sturm flaut langsam wieder ab, der Baum steht wieder fest und ruhig, und nach und nach kommt hinter den abziehenden Wolken wieder die Sonne hervor.
- Äste und Zweige richten sich wieder auf. Von neuem berührt die Sonne den Baum, vom Stamm bis in den Wipfel und wärmen ihn bis in die kleinsten Zweiglein.
- Zum Abschluß der Übung die Hände auf die Schultern legen und langsam die Augen öffnen.

(Jetzt wechseln die PartnerInnen.)

Die Sinne entdecken und entfalten

Sehen, Hören, Riechen, Schmecken und Tasten sind unsere Zugänge zur Welt. Alle unsere Erlebnisse und Erfahrungen erreichen uns über unsere Sinnesorgane. Die Welt der Gefühle öffnet sich durch die Sinne. Mehr denn je haben Menschen gerade auch bei uns, im materiell reichen Europa, die Sehnsucht nach einem sinnvollen Leben.
Sinn-volles Leben. Wie können unsere Sinne zur Geltung kommen und sich entfalten?
Mit Bildern und Geräuschen werden wir täglich überfüttert und überfordert. Unsere Sinne reagieren auf unseren Lebensstil, auf die Umweltfaktoren: Die Brillenträger, Hörsturze und Hautleiden nehmen zu. Was hat noch Geschmack? Wo ist unsere Sensibilität geblieben?
Wir laden ein, unsere Grundzugänge zur Welt wieder neu zu entdecken, um das Leben sinnlich – sinnvoll zu erleben und sensibel zu werden: für uns selber, unsere Umwelt und andere Menschen und nicht zuletzt für Gott.

In diesem Kapitel findest du Anregungen zu den Sinnen allgemein und speziell auf die einzelnen Sinne hin. Für das intensive Erleben eines Sinnes ist es hilfreich, die anderen zurückzustellen, z. B. beim Hören die Augen zu schließen etc.

Spiegelmeditation

Ich sehe meine Augen,
Augen, die fragend und neugierig blicken können, wissend. Augen, die funkeln und strahlen können vor Freude, aber auch Augen, die sicher schon geweint haben …

- Ich betrachte meinen Mund,
die Lippen, die entspannt und gelassen aufeinanderliegen, die sich aber auch – vor Erstaunen oder Schrecken – öffnen können. Mein Mund, der sicher schon vor Wut oder Enttäuschung verbittert zusammengekniffen war, vielleicht vor Wut schon laut geschrien hat – oder vor Freude. Lippen, die sich in ein Lächeln verwandeln können – oder in ein befreiendes lautes Lachen …

- Meine Stirn betrachte ich,
die glatt und entspannt sein kann, aber auch gerunzelt, wenn ich etwas nicht verstehe, vielleicht etwas nicht verstehen kann oder will …

- Meine Nase,
die ich stolz nach oben recken kann, die oft glücklich Richtung Sonne zeigt, die aber auch wohl bedenklich oft Bekanntschaft mit Bodennähe gemacht hat …

- Meine Ohren,
die schon so viel Schönes gehört haben, das Singen von Vögeln, schöne Musik, das Rauschen von Bäumen, aber auch Trauriges oder Verletzendes, Mißklänge …

- Ich betrachte meine Wangen,
die schon so vieles gespürt haben – ein Streicheln, einen Kuß, sanften Frühlingsregen … aber auch Schmerzhaftes fühlen mußten: peitschende Zweige, Hagelkörner …

- Mein Gesicht,
das so viele Botschaften aussenden kann, so viele Gefühle, die sich darin spiegeln, so viele Gedanken, die Menschen, die uns sehr vertraut sind, daran ablesen können – nicht umsonst nennt man es den Spiegel der Seele …

Auf die Sinne hören

Wer Ohren hat zu hören, der höre:
auf die lauten und leisen Geräusche,
auf Worte und Töne,
auf Stimmen,
auf sich selber.

Wer Augen hat zu sehen, der sehe:
Farben und Formen,
Bewegungen und Gestalten,
Details und das Ganze,
hinter die Kulissen
in das Herz der Menschen.

Wer eine Nase hat, der rieche:
Wohlgerüche und wo etwas faul ist,
was zum Himmel stinkt
und wo ausgemistet werden muß.

Wer eine Zunge hat, der schmecke:
Süßes und Herbes,
Zartes und Bitteres,
Abgeschmacktes und Geschmackloses
und suche nach gutem Geschmack.

Wer von Haut umgeben ist, der spüre:
Wärme und Kälte,
Berührung und Schmerz,
Angenehmes und Unangenehmes,
Luft und Wasser,
Hände und Haut der anderen.

Jutta Schnitzler-Forster

Stille

Stille hat ein Ohr für die leisen Töne,
sie baut dir unsichtbare Schutzräume
weitab vom Lärm deiner Zeit –
Stille hört zu.

Stille öffnet dir den Mund,
nicht zum Sprechen, sondern zum Staunen –
Stille spricht ohne Worte.

Stille macht dich sehend
für das Wesentliche hinter Mauern und Masken –
Stille öffnet dir die Augen.

Stille macht dich – je mehr du von ihr zehrst –
hungrig und durstig nach dir selbst –
Stille läßt dich Geschmack an dir finden.

Stille hat ein Gespür
für dein Tasten nach den Häuten deines Lebens,
die sich unter der Oberfläche nach außen schälen –
Stille geht unter die Haut.

Stille schweigt
staunt
spürt
singt
sieht
spürt auf
und nach

Stille hat Zeit
Stille hat Stil
Stille hat Sinn
Stiller Sinn
Stiller
Still
Sssst

Dieter Barth

Anfangsgedanken

Etwas zum Sehen …

gab es früher in der Kirche:
Zeremonien, Prozessionen
und liturgischen Tanz.
Faschingsgesellschaften
haben dies übernommen
und Volkswandertage.

Etwas zum Hören …

gab es früher in der Kirche:
Chöre jubelten
engelsgleich.
Übernommen haben das heute
Recorder und Lautstärke
in Autos und Stuben.

Etwas zum Betasten …

gab es früher in der Kirche:
Weihwasserbesprengungen
und Karfreitagskuß
finden keinen Zugang mehr zum Menschen.
Die Tuchfühlung geschieht heute in
Stadien und Autokolonnen.

Etwas zum Riechen …

gab es früher in der Kirche:
Der Weihrauch fiel aus,
die Kirchen sind enträuchert.
Jetzt beweihräuchern wir
unsere Leiber
mit Duftsprays und Aftershave.

Etwas zum Schmecken …

gab es früher in der Kirche:
Das Brot und den Wein –
so fanden wir Jesu Geschmack.
Der gute Geschmack in der Kirche
ging verloren!
Unsere Geschmäcker finden
in Restaurants banale Abfindung.

Ein Heimatgefühl …

gab es früher in der Kirche:
Der Glaube verlor sich im Anonymen.
Heute fühlt man sich
in verrauchten Kneipen wohl
und im »FEELING«
der Rockkonzerte.

Josef Griesbeck

Augen

sehen	glotzen
betrachten	übersehen
beobachten	durchschauen
fixieren	wegsehen

Blindenführung

Wähle zu dieser Übung eine/n PartnerIn, der/dem du vertraust, daß sie/er dich für eine gewisse Zeit blind führen kann.
Vereinbart, wie lange und wo die »Blindenführung« stattfinden soll und ob es einen Partnerwechsel geben soll.
Verbindet oder schließt die Augen und laßt euch Zeit auf dem gemeinsamen Weg. Tauscht euch im Anschluß über eure Erlebnisse und Erfahrungen aus.

Entspannt sehen

Du kannst deinen Augen am heutigen Morgen erfrischende Kraft schenken. Setze oder lege dich so hin, daß dein Atem ungehindert strömen kann: Ausatmen, Pause, Einatmen. Reibe deine Hände kräftig aneinander, bis sie ganz warm sind. Lege nun die gewölbten Handinnenflächen über die geschlossenen Augen. Deine Handballen liegen auf den Backenknochen, ohne daß sich die Handkante gegen die Nase preßt. Das Zentrum der Handfläche liegt direkt über dem Auge, ohne es jedoch zu berühren. Atme tief ein und aus. Atme so, als ob du durch die Hände atmest. Genieße die Wärme und Dunkelheit, bemerke die Entspannung deiner Augen und die Entspannung des ganzen Körpers (drei Minuten).
Nimm langsam die Hände von deinen Augen, öffne sie und schaue dich um.

Manfred Frigger

Gute-Nacht-Kirche zum Thema: Sehen

Musik, klassische

Besinnung:
Sehen wir uns wieder?
Ich freue mich, die Leute wieder zu sehen. Ich sehe dich und dich und dich … werde auch ich gesehen? Wer sieht mich? Vielleicht sollte ich zuerst einmal einen »Blick riskieren«? Aber das Risiko ist groß – ich könnte dabei beobachtet werden. Es könnte mich ja jemand ansehen! »Sag doch was – damit ich dich sehe«, hat mir einmal einer gesagt. Auf den ersten Blick, das kann ins Auge gehen. Beim zweiten Blick, schaue ich dich genauer an – verweile bei dir einen Augen-blick mehr, betrachte dich unter dem Vergrößerungsglas. Ich blinzle dir zu – und schon beginnt er, unser Flirt.
Kann ich mit Gott flirten; kann ich Gott zublinzeln? Du Narr – bist du noch beim Flirten, hat Gott dich schon längst gesehen, schon »im Mutterleib und von Kindesbeinen an«. Wie oft hat er dir schon zugezwinkert – oder hat er dir etwa die Augen öffnen müssen?

Bibeltext: Mk 8,22–26

Gedankensplitter:
- Bin ich oft blind für Gottes Wunder?
- Meine Augen, Türen zu Gott?
- Sehe ich zu oft den Splitter im Auge des anderen, aber den Balken bei mir …
- »Nur mit dem Herzen siehst du gut.«

Dias: Farbenspiel

Musik: Klaus Schulze
»Ich sehe genau hin«

Dieter Barth

Gute-Nacht-Kirche zum Thema: Schauen – Staunen

Schrifttext: Mk 8,22–26

Textübertragung von W. Willms:
Als Jesus den Blinden heilte, da ist er ganz nahe an den Blinden herangegangen, und dann hat Jesus ihn angeschaut, und dann hat er ihm eine Brille nach der anderen von den Augen genommen, eine falsche Brille nach der andern, und dann hat Jesus den Mann wieder angeschaut, ganz tief bis auf den Grund, und dann brach ein Quell hervor aus den Augen dieses Mannes; er weinte, das war seine Rettung, seine letzte Rettung, und dieser Quell, der aus seinen Augen hervorbrach, spülte den letzten Dreck aus seinen Augen.

Einige persönliche Gedanken, etwa:
- wir sind oft blind für Gottes Wunder;
- benötigen Sehkurs;
- öfter Gott als Augenarzt aufsuchen;
- die Augen als Tür zum Herzen;
- den Blick für das Kleine, Unscheinbare schulen.

Dias: Naturaufnahmen, geordnet nach den Jahreszeiten.

Musik: Als musikalische Untermalung von Antonio Vivaldi: Die Vier Jahreszeiten.

Die Augen schließen und in mir die Wunder aufsteigen lassen, die Gott meinen Augen/meinem Herzen schon geschenkt hat.

Felix Edelmann

Ohren

hören	lauschen
horchen	weghören
ganz Ohr sein	überhören
die Ohren spitzen	verhören
aufschnappen	abhören
anhören	jemandem sein Ohr leihen

Die Ohren kennenlernen

Die Ohren sind ein wichtiges Organ für unsere Wahrnehmung. Meist werden sie wenig beachtet: Unter Haaren sind sie versteckt. Ich selber kann meine eigenen Ohren nicht sehen – außer im Spiegel.

Meine Ohren kennenlernen – wie kann das gehen? Suche dir einen Platz im Raum – stehend oder sitzend, dort wo du dich unbeobachtet fühlst und akustisch verstehen kannst, was ich sage. Ich werde zuerst die Anweisungen geben und dann jeweils Zeit lassen, daß du sie ausprobieren kannst. Denn, z.B. durch das Bewegen der Ohren kannst du sonst schlecht verstehen, was ich sage.

Vielleicht magst du zu dieser Übung die Augen schließen. Konzentriere dich auf deine Ohren. Kannst du einen Teil deines Ohres spüren? Berühren deine Haare deine Ohren? Wie warm oder wie kalt fühlen sich die Ohren an?

Du kannst, wenn du magst, deine Ohren auch berühren. Mit den Fingerspitzen der ganzen Handfläche oder mit dem Handrücken. Laß dir Zeit, deine Ohren ausführlich zu erkunden. (Viel Zeit lassen, dazwischen folgende Hinweise:)

Es gibt viele Falten und Rillen, harte und weiche Stellen.

Schwünge und Bögen. Innen und außen

Du kannst die Berührungen des Ohrs variieren. Viel Druck ausüben oder die Ohren nur ganz sanft berühren

Du kannst dein Ohr auch bewegen. Du kannst es hin- und herbiegen (...), es ziehen (...), dann rollen (...), mit Druck massieren (...)

Zum Abschluß kannst du deine Hände aneinander reiben und über die Ohrmuscheln legen. Spür nach, wie sich deine Ohren jetzt anfühlen.

Gute-Nacht-Kirche zum Thema: Hören – Ohr – Glaube

Geräusch der Grille – Geräusch des Geldes

Eines Tages verließ ein Indianer das Reservat (das Reservat ist ein Schutzgebiet für Indianer, in dem sie wie ihre Vorfahren frei leben können) und besuchte einen weißen Mann, mit dem er befreundet war. In einer Stadt zu sein, mit all dem Lärm, den Autos und den vielen Menschen um sich – all dies war ganz neuartig und auch ein wenig verwirrend für den Indianer. Die beiden Männer gingen die Straße entlang, als plötzlich der Indianer seinem Freund auf die Schulter tippte und ruhig sagte: »Bleib einmal stehen. Hörst du auch, was ich höre?«

Der weiße Freund des roten Mannes horchte, lächelte und sagte dann: »Alles, was ich höre, ist das Hupen der Autos und das Rattern der Omnibusse. Und dann freilich auch die Stimmen und die Schritte der vielen Menschen. Was hörst du denn?« »Ich höre ganz in der Nähe eine Grille zirpen«, antwortete der Indianer. Wieder horchte der weiße Mann. Er schüttelte den Kopf. »Du mußt dich täuschen«, meinte er dann, »hier gibt es keine Grillen. Und selbst wenn es hier irgendwo eine Grille gäbe, würde man doch ihr Zirpen bei dem Lärm, den die Autos machen, nicht hören.«

Der Indianer ging ein paar Schritte. Vor einer Hauswand blieb er stehen. Wilder Wein rankte an der Mauer. Er schob die Blätter auseinander, und da – sehr zum Erstaunen des weißen Mannes – saß tatsächlich eine Grille, die laut zirpte.

Nun, da der weiße Mann die Grille sehen konnte, fiel auch ihm das Geräusch auf, das sie von sich gab. Als sie weitergegangen waren, sagte der Weiße nach einer Weile zu seinem Freund, dem Indianer: »Natürlich hast du die Grille hören können. Dein Gehör ist eben besser geschult als meines. Indianer können besser hören als Weiße.« Der Indianer lächelte, schüttelte den Kopf und erwiderte: »Da täuschst du dich, mein Freund. Das Gehör eines Indianers ist nicht besser und schlechter als das eines weißen Mannes. Paß auf, ich will es dir beweisen.«

Er griff in die Tasche, holte ein 50-Cent-Stück hervor und warf es auf das Pflaster. Es klimperte auf dem Asphalt, und Leute, die mehrere Meter von dem weißen und dem roten Mann entfernt gingen, wurden auf das Geräusch aufmerksam und sahen sich um. Endlich hob einer das Geldstück auf, steckte es ein und ging seines Weges. »Siehst du«, sagte der Indianer zu seinem Freund, »das Geräusch, das das 50-Cent-Stück gemacht hat, war nicht lauter als das der Grille, und doch hörten es viele der weißen Männer und drehten sich danach um, während das Geräusch der Grille niemand hörte außer mir. Der Grund dafür liegt nicht darin, daß das Gehör der Indianer besser ist. Der Grund liegt darin, daß wir alle stets das gut hören, worauf wir zu achten gewohnt sind.«

TeilnehmerInnen schließen die Augen

Nun werden verschiedene Geräusche, die auf Kassette aufgenommen wurden, in zeitlichem Abstand wiedergegeben:

- Geldmünze fällt zu Boden
- Vogelstimmen, Waldgeräusche
- Telefontuten
- tropfender Wasserhahn
- Gesang während des Gottesdienstes
  (ca. je dreimal in regelmäßigem Abstand)

Impulsfragen dazu:

- Ist mir dieses Geräusch vertraut/fremd?
- Was löst es bei mir aus?
- Welche Erlebnisse/Erfahrungen verbinde ich damit – angenehme oder unangenehme?
- Nehme ich das Geräusch immer mit der gleichen Intensität wahr?

Dia: »Ohren« (aus: Die Themen 7, Nr.12)

Es gibt Wörter und Redewendungen, in denen offen oder versteckt das Hören, das Ohr eine Rolle spielt: anhören – aufhören – herhören – mithören – rumhören – überhören – verhören – zuhören – weghören
Oder: hellhörig sein – die Ohren offen halten – die Ohren verstopfen – Gehör finden – jemandem gehörig die Meinung sagen – jemandem sein Ohr leihen – aufeinander hören

Dia: »Der Hörende« (dazu leise Musik)

Von überall her dringt etwas an unser Ohr: Geräusche, Nachrichten, Meinungen, Vorwürfe, Bitten. Einige Zeitgenossen ertragen soviel Wahrnehmung offensichtlich nicht. Sie verstopfen sich die Ohren; hören nur, was sie hören wollen. Nicht so der da auf dem Bild vor uns.
Zum Hören braucht dieser Mensch, der wie ein großes Ohr aussieht, mehr als die Ohren ...
Er braucht eigentlich alles, was er hat ...
Er braucht sich selbst ganz dazu: Das Gesicht drückt interessierte Aufmerksamkeit aus ...
Der Mund ist geschlossen – der kann schweigen ...
Die Augen sind auf jemand gerichtet ...
Ganz groß und fragend blicken sie zu diesem Jemand auf, als wollten sie ihn ganz auf sich zukommen lassen und aufnehmen ...

Da sperrt sich nichts – von ihm aus gibt es überhaupt keine Schranken zu dem anderen – dieser Mensch ist total offen für einen anderen ...
Wer ihm begegnet, findet Gehör und kann sicher sein ...
daß er nicht abgewiesen wird ...
daß er sich ausreden kann ...
Er hat begriffen, daß es oft sehr »laut« zugeht in unserer Welt, daß aber das Große und Schöne meistens ganz leise zu uns kommt ...

Mich fasziniert es, vor dem Radio zu sitzen und eine spannende Reportage, z.B. eines Fußballspieles, zu hören. Nicht wie vor dem Fernseher werden mir die Bilder vorgesetzt – Nein! Meine Phantasie bringt diese Bilder hervor, die dann an mir vorbeiziehen – ich bin dem Berichterstatter und seinen Schilderungen ausgeliefert – und das im positiven Sinne. Ich darf und muß etwas daraus machen.
Genauso sehe ich meine Beziehung zu Gott: Er leiht mir sein Ohr, hört mir zu, egal was und in welcher Sprache und welcher Stimmung ich ihm etwas mitteile. Er teilt es mit mir, er ist ganz Ohr. So liegt es an mir, an uns, neu zu lernen, wie man die Ohren spitzt, damit wir ein Ohr haben:
für den Gesang von Gottes Schöpfung, für die leisen Töne der Lebensmelodie, um in uns hineinzuhören, für die Klagen, Bitten und Stimmen der anderen, für das, was Gott uns sagen will.

Dieter Barth

Haut/Hände

tasten	grapschen
greifen	fummeln
berühren	streicheln
massieren	vortasten

Den Raum ertasten

Der Tastsinn, die Haut, ist das größte unserer Sinnesorgane. Bei jeder Berührung – ob Mensch, Lebewesen oder Gegenstand – ist der Tastsinn dabei und meldet diese Eindrücke an das Gehirn.
Tasten kannst du z.B. mit den Händen. Probier aus, wie deine Hände tasten: deine Haut, den Boden des Raumes, die Wand, die verschiedenen Oberflächen, Kanten und Rundungen im Raum …
Versuch das Tasten einmal ohne Hände: mit den Füßen, den Armen, mit dem Gesicht, mit dem Rücken.
Fühlt sich der gleiche Gegenstand mit den unterschiedlichen Körperteilen anders an? Vielleicht antworten auch deine Körperteile auf die Berührung. Vielleicht spürst du mehr von deinen Füßen oder Armen oder vom Gesicht. Oder es wird dir warm oder kalt.
Beobachte, wie das Tasten geht. Was du spürst und was du wahrnehmen kannst. Taste dich, wie du möchtest, durch den Raum, taste mit deinem Sinnesorgan Haut. Vielleicht magst du auch die Augen schließen. Wenn du dich vorgetastet hast, halte inne und spüre, was in dir angesprochen wurde.

Tasten von Materialien

In Kartons sind verschiedene Materialien z.B. Stein, feuchter Schwamm, Fell, Holz, Blätter, Erde, Watte, Papier, Wolle, Sand … Die Kartons sind an allen vier Seiten geschlossen. Eine runde Öffnung ermöglicht es, mit der Hand im Inneren des Kartons das Material zu tasten. Tasten ohne das Material zu sehen, ist eine intensive und überraschende Sache. Bitte für eine ruhige Atmosphäre sorgen und Zeit lassen!

Begreifen

Begreifen ist schwer.
Die Begriffe sind abgegriffen.
Wir sind schwer von Begriff.
Das Allzu-Griffige
gleitet ohnehin ab,
begreift nicht
und wird nicht begriffen.
Tastend greifen wir
nach dem Unbegreiflichen,
das schon zum Greifen nahe scheint.
Es entzieht sich
unserem gierigen Zugriff.
Wer fummelt und bohrt und angreift,
vergreift sich,
verbrennt sich die Finger,
bekommt nicht in Griff,
was er sucht.
Begreifen
einen Text, eine Blume, einen Menschen,
von Gott ganz zu schweigen.
Begreifen ist immer
höchstens Annäherungsversuch,
behutsames Tasten durch viele Häute,
von außen nach innen,
wie Zwiebelschälen,
oft unter Tränen.
Ob es gelingt,
das ist letztlich Geschenk.
Denn wenn das Du sich nicht
öffnet und offenbart,
nützen Lupen und lange Finger
so wenig wie Brecheisen.

Hermann Josef Coenen

Gute-Nacht-Kirche zum Thema: Tasten

Material:
Diaprojektor und Dia, Gipshand, Holzstücke, Kassettenrecorder und Meditationsmusik.

Musik: Kitaro oder Clannad

Dia: Barlach: Das Wiedersehen

Gipshand in die Mitte legen, Holzstücke auswählen, in die Hand nehmen

Teilnehmer sensibilisieren.

Der Tastsinn ermöglicht es:
- Dinge zu sagen, ohne zu sprechen
- zu verstehen, ohne daß ein Wort fällt
- zu erkennen, obwohl es dunkel ist

Es fällt uns schwer, mit ihm umzugehen:
Wenn ich (vielleicht zufällig) eine(n) anderen berühre, entschuldige ich mich oft gleich dafür, denn er oder sie zuckt womöglich zusammen. Dabei ist der Tastsinn der »ehrlichste« unserer Sinne, wenn es um andere geht.
- Beim Sprechen kommt uns manchmal ein falsches Wort über die Lippen.
- Unser Ohr hat schon viele Lügen gehört.
- Auch meine Augen haben sich schon getäuscht,
- ebenso wie meine Nase von bestimmten Düften irregeführt wurde.

Aber wenn meine Hand etwas spürt, dann geht mir das »unter die Haut«, tiefer, wie mancher Blick oder manches Wort.
Körperkontakt ist lebenswichtig. Kommt ein Kind auf die Welt, nimmt es zuerst nur mit der Haut wahr. Wird es nicht gestreichelt, liebkost, geschmust, gewiegt, erfährt es keine Liebe. Es wird ihm später schwerfallen, selbst Liebe zu geben.

Auf dem Weg zum Erwachsensein tritt eine neue Schranke zwischen den Menschen und sein Bedürfnis nach Körperkontakt, nach Wärme, Nähe, Zärtlichkeit und Gestreicheltwerden. Die Sexualität, die mich treibt, mich selber als Frau oder Mann zu entdecken, um dann auf andere zuzugehen, wird gleichgesetzt mit: Der oder die will was von mir!
Es handelt sich dabei aber um zwei völlig verschiedene Antriebe, die zuerst einmal nichts miteinander zu tun haben.

Klar, wer aus Prestigegründen oder Gruppendruck heraus fummelt, bohrt, ohne Gefühl anmacht und handgreiflich wird oder gar wahllos grapscht, der tötet dieses schöne Gefühl, das Kribbeln und die Gänsehaut auf dem Rücken des anderen. Wer mit dem Brecheisen angreift, der wird sich auch die Finger verbrennen.

Mich an einen Menschen herantasten, ihn begreifen kann ich nicht allein mit den Händen. Aber über diese kann ich ihm signalisieren: Ich interessiere mich für dich, ich möchte dich kennenlernen und vielleicht sogar ein Stück von dir entdecken …

Wenn uns das bewußt ist und wir einander genügend vertrauen, können wir unsere Ängste allmählich ablegen, die verhindern, daß wir uns zugestehen und holen, was wir brauchen, und wir können erfahren, daß wir sehr wohl angenommen und geliebt werden.

Mit dem abschließenden Gedicht möchte ich euch einladen, euch zu geben und zu holen, was ihr euch zeigen wollt, was ihr braucht. Ihr könnt dies so tun, wie's euch gut tut: mit den Händen, Rücken an Rücken sitzend, durch eine Umarmung, aber schweigend.
Schaut dabei nur auf euch, nicht auf die anderen. Wenn ihr zufrieden seid, dann setzt euch zu jemand anderem hin, oder bleibt alleine oder geht raus – laßt euch Zeit dabei …

Merkst du eigentlich noch etwas,
oder fährst du auch auf all das Laute ab?
Gilt für dich auch nur noch »schneller, größer, lauter«?

Bleib doch ein bißchen hier,
wo das Leise eine Chance hat.
Ich möchte sehen, was noch alles in dir steckt.
Das Vorsichtige, Verletzbare.

Hänge dein Herz doch ruhig an die Luft.
Laß mich dich sehen.
Ich werde dich wertschätzen
und nicht verlachen.

Wollen wir nicht einfach
heute mal die Worte loslassen
und mit Schweigen
ein tieferes Verstehen bauen?

Dieter Barth

Nase

wittern	stinken
schnüffeln	mir stinkt's
schnuppern	es stinkt zum Himmel
riechen	jemanden nicht riechen können

Die Nase kennenlernen

Das Sinnesorgan Nase ist mit viel Negativem verbunden. Nasenbohren ist verpönt. Jemand ist naseweis, d.h. unangenehm neugierig; »Steck deine Nase nicht in Dinge, die dich nichts angehen« – wer dies gesagt bekommt, weiß, daß er eine Grenze überschritten hat.
Mit unserer Nase zeigen wir Profil. Die Nase unterliegt einem strengen Schönheitsideal. Die Nase darf nicht zu groß, zu dick oder zu gebogen sein. Hexennase, Hakennase, Adlernase und noch wüstere Beschimpfungen müssen Nasenträger hören, die keine kleine, gerade und stupsige Nase haben. Warum eigentlich?
Die Nase eröffnet uns die Welt der Gerüche und Düfte. Ein Essen schmeckt nur halb so gut, wenn die Nase verstopft ist. Schnupfen und Erkältung zeigen, was fehlt oder erschwert wird, wenn die Nase ausfällt. Die Nase: wichtig, individuell. Die Nase kannst du nur eingeschränkt bewegen. Probier einmal aus, ob du mit deiner Nase wackeln kannst. Mit den Fingern und Händen kannst du die Form der Nase ertasten (...): ihre Breite, ihre Höhe, die Nasenflügel, die Nasenwurzel (...). Probier es aus, deine Nase zu drücken (...), mit den Fingerspitzen zu klopfen (...), zu reiben (...) und zu massieren (...).
Wenn du genug hast, streich sie aus, so wie es dir angenehm ist (...). Oder schneuze kräftig, wenn du das Bedürfnis durch diese kleine Übung geweckt hast.

Gerüche erraten

z.B. Gewürze, Kräuter, Blumen.

Gegenstände riechen

In der Natur die verschiedenen Gerüche wahrnehmen und z. B. Erde, Gräser, Bäume, Blumen, Steine ... riechen.

Gute-Nacht-Kirche zum Thema: Riechen

Zu Beginn wird die Nase angesprochen. Im Raum: Duftlampe mit Duftöl, Duftschale oder eine Schale mit Wasser, in der z.B. Rosen oder andere riechende Blütenköpfe oder Blätter schwimmen.

Einleitung:

Wohlgerüche locken uns an. Essensduft zieht uns in die Küche, die blühende Rose berauscht; wo es gut riecht, da ist gut sein. Deos, Parfums und andere Duftwässerchen werden gebraucht, um aufmerksam zu machen, anzulocken, zu betören. Riechen im übertragenen Sinn hat viel mit Sympathie zu tun. Jemanden nicht riechen können – da ist schon eine grundsätzliche Abneigung da. Mir stinkt's. Da ist dicke Luft untereinander. Die Nase rümpfen über jemanden, das kennen wir!

In der Bibel gibt es viele Geschichten, in denen Leute vorkommen, über die andere die Nase gerümpft haben. Über Zachäus, Levi und all die Brüder vom Zoll. Die Ehebrecherin und Maria Magdalena, die Frau, die trotz schlechtem Ruf Jesu salbt.

Evtl. einen Bibeltext aussuchen und vorlesen.

Gedanken zum Bibeltext:

Jesus macht nicht mit beim Nase-Rümpfen. Er läßt Nähe zu, sucht Kontakt, geht auf »Tuchfühlung«. Er hat es nicht nötig, sich über andere zu stellen, denn bei ihm stehen alle auf der gleichen Stufe, haben ihren Eigenwert, ihren Eigensinn, ihren Eigengeruch. Das darf sein.
Jede/jeder darf sein, so wie sie/er ist. Nur der eigene Stallgeruch, das gibt auf Dauer einen Mief. Ich/du/wir alle dürfen unseren Duft verströmen, unsere eigene Note setzen. Dann riecht's nach Himmel, nach Weite, nach Sich-daheim-Fühlen.

Jutta Schnitzler-Forster

Zunge/Gaumen

schmecken	kosten
geschmackvoll	geschmacklos
Geschmackssache	abgeschmackt
Feinschmecker	Geschmackssinn

Schmecken hat mit Nahrungsaufnahme zu tun. Ob etwas salzig, sauer, bitter, süß oder herb schmeckt, entscheidet sich im Mund. »Bäh« sagen Kinder, wenn ihnen etwas nicht schmeckt, und spucken es wieder aus. Vieles, was wir tagtäglich essen, schmecken wir nicht mehr. Wir kauen und schlucken – aber schmecken? Einen Geschmack auskosten, das hat etwas mit Genuß, mit Zeit zu tun. An der fehlt es bekanntlich. Eine Essenskultur ist verlorengegangen. Übriggeblieben ist das schnelle Zwischendurch-etwas-Reinschieben, damit der größte Hunger gestillt ist.
Wer den Geschmackssinn wieder kultivieren möchte, soll sich Zeit nehmen und etwas essen/trinken, worauf er/sie Lust hat, wo das Wasser im Mund zusammenläuft.

Bewußtes schmecken

Warte ab, bis du Hunger verspürst, und nimm dir z.B. Obst, das du dann mit verbundenen Augen ißt, und laß dir Zeit zum Schmecken.

Essen als Fest

Gestaltet eine gemeinsame Mahlzeit als Fest für den Gaumen. Laßt euch Zeit zum Genießen!

Geschmacksrichtungen wahrnehmen

Sucht Lebensmittel, die sauer, bitter, süß, salzig, herb oder mild schmecken und spürt, wo die Geschmacksnerven liegen, die auf die jeweilige Geschmacksrichtung reagieren – und wie sich das Gesicht verändert.

Gute-Nacht-Kirche zum Thema: Schmecken

Vorbereitung:
frischgebackenes Brot, guter Wein oder Traubensaft für alle; in der Mitte des Raumes evtl. auf Tuch o.ä.

Einführung:
Vielleicht geht es dir auch so: Bei diesen beiden Lebensmitteln habe ich Lust, mir etwas zu nehmen. Frischgebackenes Brot – welches andere Lebensmittel löst den gleich intensiven Geschmack aus? Zumal Brot ja keine Feinschmeckerspeise ist, sondern ein Grundnahrungsmittel – bei uns über Jahrtausende. Wein ist vielleicht nicht jedermanns/fraus Sache. Kinder verziehen das Gesicht, wenn sie am Glas nippen. Bei den Erwachsenen findet dann doch fast jede/r ein Tröpfchen, das ihr/ihm behagt. Und Wein lockert, löst, schenkt Freude. Im Wein ist Sonnenschein. Ein Fest ohne Wein – für manche undenkbar!

Die Gaben Brot (und Wein) verteilen und Zeit lassen, um sie zu schmecken. (Musik im Hintergrund)

Brot/Wein-Meditation
stelle dir einen menschen vor
der für dich brot ist
den du brotnotwendig hast
einen menschen
der für dich eiserne ration ist
ohne den du verhungerst

stell dir einen menschen vor
der für dich noch mehr ist als bloß brot
der darüber hinaus
ein kostbarer schluck wein ist
der dich munter macht
der dich froh macht
der dich trunken macht

jesus war einer
der schmeckte

die am rand stehen in unserer stadt
ob die glauben
aha da kommen sie
das lebendige brot dieser stadt
diese christen
die geben der stadt
und ihrem leben und treiben
den letzten pfiff
die sind wirklich eiserne ration
die sind wirklich kostbarer wein
die sind das salz
in der suppe dieser stadt
ob die menschen am rand
die menschen die uns beobachten
die uns erleben
das glauben und hoffen können
daß wir für sie brotnotwendig sind
ob die ohne uns verhungern
es gibt schon genug
menschen in dieser stadt
die verhungern
die verdürsten
mitten in der kirche
mitten unter den christen

dabei müßten wir doch
das lebendige brot
vom himmel werden und sein
das lebendige brot vom himmel
wir

wenn die erde
nicht für uns
heimat wird
sind wir hier
heimatlos

wenn nicht bald
brot für uns
vom himmel fällt
sind wir hier
brotlos

wenn wir nicht selbst
werden zu brot und wein
sind wir hier
nutzlos

es erbarme sich unser der gott
jesu
der gott
der jesus christus
für uns
zum brot vom himmel
werden ließ
er mache auch uns zum brot vom himmel
füreinander
und er lasse so
die erde zum himmel werden
durch uns
und durch christus unsern herrn

Wilhelm Willms

Lied: »Wenn das Brot, das wir teilen, als Rose blüht«

Jutta Schnitzler-Forster

Das andere Gesicht – Masken

Die Maske ist ein zweites Gesicht. Dieses kann abnehmbar sein und aus vielerlei Materialien hergestellt werden: aus Gips, alten Schachteln, Pappe, Pappmaché, Alufolie. Anleitungen dazu findest du in Bastelbüchern. Die andere Möglichkeit ist, das Gesicht mit Schminkfarben zu bemalen.
Je nachdem, was mit den Masken gemacht werden soll, bietet sich die Art der Maske an. Masken herstellen braucht Zeit und Ruhe. Der kreative Akt ist intensiv und spricht schon während des Herstellens die Gefühle der Maskenbauer an.

Die Maske ist ein uraltes Thema der Menschen mit religiösen Dimensionen. Es bietet sich an, diese aufzugreifen. Hier Möglichkeiten und Anregungen:

1. Masken sind Ausdruck von Kreativität – sind Kunstwerke. Der erste Schritt ist ein Betrachten, ein Wirkenlassen. Eine kleine Ausstellung – auf Tüchern, Schachteln, Holz o. ä. präsentiert: Eindrücke, Assoziationen, Gedanken können auf einem leeren Blatt/Plakat, das neben dem Objekt liegt, notiert werden (Regel: keine verletzenden, d. h. wertenden Aussagen).
2. Mit Masken spielen: Ein kleines Stück für die vorhandenen Masken ausdenken und dies einüben, vorspielen. Oder zuerst eine Geschichte (z. B. Märchen oder biblische Geschichte) auswählen und dazu Masken bauen. Mit den Masken die Geschichte spielen.
3. Sich mit Masken zu Musik bewegen, daraus eventuell einen Tanz kreieren.
4. Masken mit Tüchern und anderen Verkleidungsgegenständen kombinieren und kleine Rollenspiele einüben.
5. Gespräch über Masken. Dies wird besonders intensiv, wenn mit Masken vorher Erfahrungen gemacht wurden.

   Impulse:
   Meine Lieblingsmaske – wie sieht die aus? Schönheit – Häßlichkeit bei Masken, wie wirken sie auf mich? Situationen, in denen ich mir eine Maske wünsche. Vorteile/Nachteile, die eine Maske bringt.

6. Geeignet ist das Thema Masken auch für einen religiösen Impuls oder für einen Gottesdienst. Das Erleben einer Maske, kombiniert mit Texten, Gebeten oder Liedern wird zu einem religiösen Angebot.

Texte und Gebete zum Thema Masken

Wer bin ich?
Ich habe schon so viele Rollen gespielt,
so viele Masken getragen,
ich bin mir selbst fremd geworden.
Anfangs fühle ich mich wohl,
furchtlos, überlegen und frei,
aber meistens fühle ich mich schlecht,
dann verstecke ich mich in der Rolle,
die Leute sollen nicht sehen,
daß ich unsicher bin oder feige oder traurig.
Dann sehne ich mich nach einem Menschen,
der mich ansieht und erkennt,
wie ich wirklich bin, dann habe ich die Hoffnung:
einmal wird eine/r kommen und ja sagen zu mir,
dann bin ich frei vom Zwang der Rollen
und vom Versteckspiel,
dann bin ich ich selbst,
dann werde ich glücklich sein.

Gott, du kennst mich, meine innersten Gedanken,
vor dir kann ich mich nicht maskieren,
du schaust hinter jede Maske.
Ob ich arbeite oder schlafe,
ob ich froh bin oder traurig,
du weißt meine Gedanken,
du kennst meine Hoffnungen und Ängste.
Vor dir liegt alles offen.
Es gibt keinen Ort, an dem du nicht bei mir wärst,
keine Minute, in der du mich nicht hältst. *(Nach Psalm 139)*

Ich bin
gefangen und gebunden
durch ein Spinnennetz von Pflichten.
Wie Spinnen
krabbelt Ihr auf mir herum,
Ihr alle.

Ich möchte loskommen
von Euch;
nicht entfliehen!
Mein ICH
möchte ich befreien,
durch mein ICH.
Mein ICH?
Mein ICH in
rosarot und violett,
freischweben soll es
unter dem blauen Maihimmel.

Abwerfen möchte ich Euch,
Euch, und meine Pflichten;
und aufgeben müßte ich
meine Rechte,
und aufgeben müßte ich
meine Freundschaften!
Will ich sie erhalten?
Ist ein Leben ohne sie
ein Leben?
Ist ein Leben ohne Pflichten
ein Leben?
ein freies Leben leben,
ein irreales Leben,
Ich möchte meinen Traum
mit Leben erfüllen.

Verfasser unbekannt

Alle wollt ihr was von mir

Alle wollt ihr was von mir.

Wollt, daß ich artig mein Fläschchen trinke,
Wollt, daß ich in der Schule brav und fleißig lerne.

Wollt, daß ich einen anständigen Beruf ergreife.
Wollt, daß ich nicht so wie diese und wie jene bin.

Wollt, daß ich unauffällig mich um Frau und Kinder kümmere,
Wollt, daß ich pünktlich meine Miete zahle.

Wollt, daß ich meine Rente gut zusammenhalte,
Wollt, daß schließlich sterbe.

Alle wollt ihr was von mir,

Nur mich nicht.

Erwin Sickinger

die maske
Ich kenne die Leute um mich herum nun so viele Jahre und kenne sie doch nicht. Tag für Tag sitzen wir in demselben Raum und sind doch meilenweit voneinander entfernt. Wir berühren uns nur im täglichen oberflächlichen Geschwätz. Keiner läßt zu, daß man wirklich in seine Nähe kommt. Ist es Angst, Feigheit, Resignation, was uns in diese Reserve treibt? Ich habe oft das Empfinden, von Masken umgeben zu sein. Ich weiß nicht, was sich hinter ihnen verbirgt. Ich dringe nicht durch. Sind die anderen froh oder traurig? Wissen sie es von mir? Bin ich nicht auch eine Maske wie sie? Vor wem kann ich noch ich selber sein?

Trauerarbeit

Männer sind stark und weinen nicht –
so habe ich als Kind gelernt.

Männer können schwach sein, aber sie weinen noch viel zu wenig –
so habe ich durch das Leben gelernt.

Männer sind manchmal wie Clowns,
die ihr Gesicht hinter einer Maske verbergen,
die lachen und andere zum Lachen bringen wollen.

Doch ein trauriger Clown
bringt einen nicht mehr zum Lachen –
er hat als Clown seinen Sinn verloren.

Männer als Clowns,
die sich selber zum Narren gehalten haben?

Ich bin traurig und schaue mir in die Augen:
Beim Blick in den inneren Spiegel
beginnen die korrekt aufgetragenen Farben
zu zerfließen.
Ich verliere mein Clowngesicht,
das andere mir geschminkt haben.

Zitternd betrachte ich
ein blasses, ungeschminktes Gesicht,
über dessen Wangen Tränen rollen
und den Rest der vertrockneten Maske aufweichen,
die ich so lange nicht abnehmen konnte.

Unter dieser starren Maske
des geschlechtlich normierten Lebens
immer wieder dem Erstickungstod ausgesetzt

lerne ich nun,
in die von Tränen der Traurigkeit
geröteten Augen zu blicken,
Wunden heilen zu lassen,
Konturen der Weichheit und Sensibilität
in meinem Gesicht zu entdecken –
und hüte mich davor,
neue Schminke aufzutragen.

Dieter Barth

Tanz und Bewegung

Noch immer gehört etwas Mut dazu, zu tanzen und damit Glaubens- und Lebensinhalte als ganzheitlicher Mensch zu erfahren, mit Leib und Seele zu beten. Tanz ist jedoch vollster, dichtester Ausdruck des Lebens, Tanz ist Leben mit Körper und Seele, mit Hand und Fuß. Im Tanz kann ich mich sammeln, mich konzentrieren auf die Mitte, auf meine Mitte. Im Tanz kann ich Gott in mir finden und mich als Teil seiner Schöpfung erleben.

Der Tanz
ist nicht das Ziel,
er ist der Weg,
auf dem wir Erfahrungen machen
mit uns selbst,
mit anderen,
mit dem Leben,
mit Gott.

Tanzen mit Ursymbolen

Um das Wesen des Glaubens, seine Inhalte und seine Zusagen an uns Menschen auch nur konturenhaft zu beschreiben, reichen Worte und Erklärungen bei weitem nicht aus. Jede Religion kennt und benötigt deshalb Symbole, wenn es darum gehen soll, den Glauben erlebbar zu machen. Religiöse Tänze, an sich bereits Symbol, waren so auch von Anfang an voller Symbolik; jede Geste und jede Bewegungsform hatte ihre eigene vermittelnde und hinweisende Bedeutung. Viele dieser Symbole sind auch noch in den heutigen meditativen und gebetshaften Tänzen vorhanden, die ja zu einem großen Teil überliefert sind. Vielfach fehlt uns jedoch ein »rechtes« Verständnis für die Bedeutung einzelner Symbole, und wir können bestenfalls von einigen Gesten und Bewegungen erahnen, auf was sie hindeuten könnten. Deshalb sollen hier vier zentrale symbolische Bewegungsformen kurz beschrieben bzw. gedeutet werden; nicht, um alte Bedeutungen wieder festzuschreiben und die Tänzer aus der Pflicht zu einer eigenen Deutung zu entlassen, sondern um diese anzuregen und zu bereichern.

Der Kreis

Der Kreis ist die älteste und auch heute noch weitverbreitetste Tanzform, die wir kennen. In ihm spiegelt sich göttliche Vollkommenheit und Wohlgeordnetheit wider; Anfang und Ende fallen in ihm zusammen, und alle Gegensätze heben sich auf, gleich wie in der Größe und Unendlichkeit des Universums. Aber auch viele, zum Teil mythisch gedeutete Erscheinungen im göttlichen Kosmos haben die Form des Kreises, wie zum Beispiel die Sonne, der Vollmond, die Planeten allgemein, Wellenringe, Pflanzenblüten, die Iris der Augen etc.

Der Kreis steht auch für den ewigen Kreislauf der Dinge, und so haben die Richtungen der Kreisbewegung eine starke symbolische Bedeutung. Mitsonnen, das heißt rechtsläufig, steht für den Lauf des Lebens. Einerseits bedeutet dies, mit der lebensspendenden Sonne zu sein und Leben in Fülle zu haben, andererseits gehört dazu aber auch die Vergänglichkeit und das Sterben. Gegensonnen, also linksläufig, bedeutet dem Licht entgegen. Dies wird als die Überwindung des Todes und Hoffnung auf das ewige Leben gedeutet. Im Kreis sind alle miteinander verbunden. Jeder ist ein Teil des Ganzen, und das verliert seine vollkommene Form und fällt auseinander, wenn ein Teil ausschert. Der Kreis wird damit zum Bild einer völlig gleichwertigen Gemeinschaft, wo jeder auf jeden angewiesen ist. Die Mitte ist form- und sinngebend und steht für das Wesentliche schlechthin, also für Gott.

Schlange und Spirale

Das Symbol Schlange, das in der Darstellung den Übergang zwischen Kreis und Spirale bildet, ist von Anfang an sehr vieldeutig verwendet worden. Sie steht an der Schwelle zwischen Leben und Sterben, sie bringt Tod, aber auch Heil, sie wehrt das Böse ab und steht für Weisheit und Klugheit (vgl. Mt 10,16); deshalb haben zum Beispiel auch Ärzte und Apotheker die Schlange in ihrem

Zeichen. So hat die Schlange auch als Tanzbewegung eine zweifache Bedeutung, nämlich Gefahr und Tod, aber auch neues und ewiges Leben. In der gesamten Tanzkultur steht aber meistens der letztere Aspekt, nämlich neues Leben zu gewinnen, im Vordergrund.
Die Spirale ist eine Urform allen Lebens, aus ihrem Zentrum geht alles hervor, oder aber es verschlingt alles. Die Spirale ist somit ebenfalls ein doppeldeutiges Symbol, das auf Vergänglichkeit und ewige Wiederkehr hinweist. Diese Doppelbedeutung des Sterbens und Neuwerdens wird im Tanz durch die sich abwechselnden Drehrichtungen angedeutet.

Der Weg

Fast jeder Tanz enthält das Grundelement des Schreitens, und viele meditative und gebetshafte Tänze sind reine Schreittänze oder anders ausgedrückt, Wegetänze. Durch das tänzerische Gehen der Schritte, durch die Be-weg-ung, soll ein Sich-auf-den-Weg-Machen bzw. Auf-dem-Weg-Sein ausgedrückt werden, dessen letztes Ziel die Begegnung mit Gott ist. Auf dem Weg sein bedeutet dann aber immer auch eine Veränderung, nicht nur physisch, sondern vor allem auch psychisch und seelisch. Be-weg-ung heißt somit auch immer, sich zu ver-wandeln, auf Gott zu. Dies ist auch ein wesentlicher symbolischer Hintergrund der heute noch praktizierten Prozession.

Tanzen mit ausdrückenden Gebärden

In solchen Ursymbolen, wie wir sie betrachtet haben, kann der Tänzer Glaubenserfahrungen zum Ausdruck bringen und auch weitervermitteln. Für das Gebet des einzelnen Tänzers ist es aber auch wichtig, daß er seine Anliegen und Erfahrungen in eigenen symbolischen Bewegungen ausdrücken und somit eigene Formen für sein Gebet finden kann.
Eine einfache Form des getanzten Gebetes kann zum Beispiel ein Tanzkanon oder ein getanztes Lied sein, deren Texte ja auch Gebete sind. Der gesungene Text kann hierbei zusätzlich durch einige Schrittfolgen und Gebärden unterstützt werden, die »Schlüsselwörter« des Liedtextes, darstellen. Aber auch »größere« Gebete, wie zum Beispiel das »Vaterunser«, können mit Bewegungen symbolisch ausgedrückt und getanzt werden, ebenso eigene Anliegen, Bitten und Empfindungen, also persönliche Gebete.

Das »Choreographieren« eines eigenen Gebetstanzes erfordert allerdings etwas Übung und Vertrautheit mit dem ausdrückenden Tanz, da ja keine festen Bewegungsstrukturen mehr vorgegeben sind. So sollten zuerst, wie eben beschrieben, einfache Texte von Liedern oder Kanons in tänzerische Bewegungen umgesetzt werden, bevor dann mit viel Phantasie völlig frei Gebetsinhalte tänzerisch ausgedrückt werden.
Auch biblische Erzählungen oder Geschichten mit einem religiösen Thema können tänzerisch dargestellt und ausgedrückt werden. Das Besondere dieser Tanzform ist dabei die Art, mit der der bzw. die Tänzer mit dem Thema der Erzählung konfrontiert werden. Dadurch, daß die Erzählung nicht einfach mit Worten wiedergegeben werden kann, sondern alles durch Bewegungen und Gebärden ausgedrückt wird, sind die Tänzer gezwungen, wesentlich intensiver mit der Erzählung »umzugehen«. Sie müssen sich sehr genau überlegen, was für sie an dem jeweiligen Thema der Erzählung wichtig ist, was sie davon ausdrücken wollen und wie sie dies dann auch umsetzen können.
Im eigentlichen Tanz wird die Erzählung selbst noch einmal durchlebt und die Erfahrungen, die die Erzählung vermitteln will, werden mit Leib und Seele erlebt. So findet in diesem Tanz und in dessen Vorbereitung eine besonders lebendige Begegnung mit überlieferten Glaubenserfahrungen statt, die auch als Form des Gebets gedeutet und erfahren werden kann.

Tanzen bei Freizeiten

Freizeiten aller Art sind eine große Chance, diese Form des religiösen Ausdrucks auszuprobieren. Zum einen stehen keine Kirchenbänke im Weg, zum anderen sind die Kinder, Jugendlichen oder jungen Erwachsenen offener für andere Elemente in Gottesdiensten. Getanzt werden kann in der Form, daß mit den Kindern und Jugendlichen bekannte religiöse Lieder in Bewegung umgesetzt werden. Auch zu vielen Liedern von Taizé gibt es einfache Bewegungen. Zu dieser Form benötigt man oft nur den Platz, um einen Kreis zu bilden. Dies kann auf der Wiese, im Aufenthaltsraum der Freizeit ... sein. Bei den Liedern geben oft die Texte die Tanzform vor. Wichtig ist, dabei einfache Tanzformen zu wählen, wie Gehen im Kreis in und gegen Tanzrichtung, in die Kreismitte mit erhobenen Armen, aus der Kreismitte mit gesenkten Armen, wiegen oder die Gebetshaltungen: »Orante« (die Hände sind erhoben, die Handflächen offen. Orante kommt von orare und bedeutet beten. Diese Gebetshaltung ist wohl die älteste

der Menschheit) und das »Andreaskreuz« (gekreuzte Arme vor der Brust – rechter Arm über dem linken. Es ist eine alte Mönchshaltung der Meditation und Versenkung, auch eine Grußform der Verehrung, gleichzeitig eine Schutzform).
Diese einfachen Tanz- und Gebetsformen erleichtern den Kindern, Jugendlichen und jungen Erwachsenen den Einstieg in diese Sprache des Betens. Sie sind nicht überfordert und können gleich mitmachen. Eine weitere Möglichkeit ist, Tänze zu folkloristischer oder klassischer Musik mit entsprechendem Symbolgehalt zu tanzen. Dieses ist in Freizeiten mit Stromanschluß und Kassettenrecorder möglich. Ich möchte einladen, es zu wagen, im Tanz körperlich zum Ausdruck zu bringen, was uns zutiefst be-wegt.

Anleitungen für getanzte Kanons

Mit Gesten und Bewegungen sollen die gesungenen Texte (Gebete) unterstützt und neu gedeutet werden. Sie erhalten so eine tiefere, zum Teil auch neue Bedeutung. Das Lied bzw. das Gebet kann so mit eigener, neuer Sinnhaftigkeit erlebt und gefüllt werden. Als kleine, einfache Beispiele sind im folgenden einige Tanzkanons beschrieben, die zu eigenen getanzten Liedern und Gebeten anregen wollen:
Der Himmel geht über allen auf;
Jeder Teil dieser Erde;
Lobet und preiset ihr Völker den Herrn;
Vom Aufgang der Sonne;
Selig sind, die Frieden schaffen;
Adoramus te (Taizé).

Der Himmel geht über allen auf

1. Ausgangsstellung: enger Kreis, Oberkörper nach vorne gebeugt. Langsam aufrichten und Arme über dem Kopf ausstrecken.
2. Hände der NachbarInnen fassen, dann vier Schritte rückwärts gehen (mit rechts beginnen) und dabei die Hände langsam senken.
3. Kreis außen, Hände durchgefaßt. Vier Schritte nach rechts gehen (mit rechts beginnen)
4. Hände loslassen und wieder mit vier Schritten zur Mitte gehen – wieder in die Ausgangsstellung.

Dieser Kanon ist auch »zweistimmig« zu tanzen: Innenkreis (1) und Außenkreis (3); Kreis innen geht nach außen (2), die Hände sind sozusagen Tore, durch die die nach innen Gehenden (4) zur Ausgangsstellung gehen. Der Außenkreis beginnt zunächst, die ersten beiden Teile des Kanons ohne Bewegungen zu tanzen. Dann beginnt der Innenkreis mit Gesang und Bewegungen, während der Außenkreis den Kanon weiter singt und tanzt (3) und (4).

Jeder Teil dieser Erde

1. Ausgangsstellung: Kreisstellung, mit dem Rücken zur Mitte, Oberkörper nach vorne (außen) gebeugt. Langsam aufrichten, bis Hände über dem Kopf sind – jede/r hebt »seinen« Teil der Erde empor – danach eine halbe Drehung nach rechts (zur Mitte), Hände dabei bis auf Schulterhöhe senken und durchfassen.
2. Vier Schritte nach rechts gehen (mit rechts beginnen). Am Ende die Hände loslassen.
3. Ein Schritt hin zur Mitte (rechts, links), Hände auf Schulterhöhe ebenfalls zur Mitte und dann nach beiden Seiten weit öffnen und sie den MittänzerInnen entgegenreichen – jeder Teil dieser Erde, das sind auch unsere Mitmenschen – zum Ende wieder in die Höhe heben.
4. 1 1/2 Drehungen nach rechts, Hände empor gereicht lassen, dann zurück zur Ausgangsstellung.

Lobet und preiset ihr Völker den Herrn

1. Das Lob wird mit beiden Händen aus seiner Mitte emporgereicht, bis beide Arme weit nach oben gestreckt sind.
2. Die rechte Hand wird in einer weit ausholenden Bewegung zur Seite bis auf Schulterhöhe gesenkt; die Handfläche ist nach oben offen. Danach wird der linke Arm in der gleichen ausholenden Bewegung gesenkt und die Hand in die offene Handfläche der/des linken Nachbarin/Nachbars gelegt. Damit soll ausgedrückt werden, daß die Freude uns weit macht, wir uns öffnen und unserem Nächsten begegnen.
3. Mit durchgefaßten Händen werden die Arme langsam nach oben gestreckt, bis sie sich oben lösen. Auf »lobet den Herrn« viermal klatschen und die Arme wieder senken.

Vom Aufgang der Sonne bis zu ihrem Niedergang

1. Ausgangsstellung: Gebückte Haltung, Hände links neben den Füßen. Mit den Händen wird nun im weiten Kreis der Sonnenaufgang – dabei sich aufrichten – und
2. der Niedergang nachgezeichnet, die Hände nun rechts neben den Füßen.
3. Sich langsam mit nach oben offenen Armen aufrichten.
4. Arme oben gestreckt lassen und sich langsam drehen.

Selig sind, die Frieden schaffen

1. Ausgangsstellung: im Kreis, zur Mitte gerichtet. Mit beiden Händen auf den eigenen Oberkörper deuten, dann mit offenen Händen zur Mitte hin.
2. Die rechte Hand wird mit der Handfläche nach oben offen zum rechten Nachbarn entgegengereicht. Dann die linke dem/der linken NachbarIn, wobei die Hand dann in die rechte der/des jeweils linken NachbarIn gelegt wird.
3. Mit rechts einen Schritt zur Mitte. Linker Fuß neben den rechten. Mit rechts einen Schritt wieder zurück. Linker Fuß neben den rechten.
4. Vier Schritte seitlich nach rechts gehen.

Adoramus te (Taizé)

Alle TänzerInnen stehen zur Mitte hin im Kreis mit leicht gespreizten Beinen, die Hände sind durchgefaßt. Der Tanz beginnt mit achtmaligem seitlichem Hin- und Herwiegen (acht Zählzeiten), beginnend auf rechts. Dazu wird einfach das Gewicht des Oberkörpers nach rechts, nach links, nach rechts ... verlagert. Nach acht Zählzeiten gehen alle TänzerInnen vier bzw. acht Schritte zur Mitte (je nach Größe des Raumes) – wieder mit rechts beginnen. Dabei werden die Hände langsam emporgehoben. Im Innenkreis, wo die TänzerInnen sehr eng beisammen stehen, folgen wieder acht Wiegeschritte; danach vier bzw. acht Schritte rückwärts in den großen Kreis, wobei die Hände wieder gesenkt werden (mit rechts beginnen). Im großen Kreis zunächst wieder acht Wiegeschritte (mit rechts beginnen), bevor dann mit vier bzw. acht Gehschritten nach rechts die Schrittfolge beendet wird und sie von neuem mit acht Wiegeschritten wiederholt wird.

Meditative Schrittfolgen und Tänze

Meditative Tänze zeichnen sich vor allem durch langsame, einfache Schrittfolgen aus. Die TänzerInnen sollen durch die sich ständig wiederholenden Schritte ganz loslassen und zu sich finden können. Im Gegensatz zu den getanzten Kanons bzw. Liedern wird hier meist eine Musik »vom Band« benützt. Erfahrungsgemäß eignet sich hierzu am besten eine Musik mit gleichmäßigem Rhythmus im langsamen Schreittempo, wie z.B. langsame (Mittel-) Sätze der Barockmusik. Der Variationsvielfalt bei den Schrittfolgen ist keine Grenze gesetzt, wichtig ist jedoch, daß die Schrittfolge einfach und periodisch ist (Schrittfolgen mit vier oder acht Zählzeiten, sich wiederholend oder abwechselnd). Auch hier wieder einige Beispiele für meditative Tänze:

Meditativer Tanz zur Air von J. S. Bach

Ausgangsstellung: Kreis, zur Mitte gerichtet, die Hände durchgefaßt.

1 – 2. Vier kleine Schritte zur Mitte hin, beginnend mit rechts (re, li, re, li neben den rechten Fuß). Hände bis zur Mitte hin langsam heben.

3 – 4. Vier kleine Schritte zurück, beginnend mit rechts. Hände wieder langsam senken und schließlich loslassen.

5. Schritt mit rechts zur Seite, dabei 1/4 Drehung nach rechts. Wieder zurückwiegen auf das linke Bein.

6. Schritt mit rechts zur linken Seite (rechter Fuß vor dem linken), dabei 1/4 Drehung nach links. Wieder zurückwiegen auf das linke Bein.

7 – 8. Vier Schritte nach rechts in Tanzrichtung, beginnend mit rechts.

Israelischer Gebetstanz auf den Kanon von Pachelbel

1. Alle TänzerInnen stehen hintereinander im Kreis in Tanzrichtung (nach rechts). Schritt mit linkem Fuß nach vorne.
2. Mit rechtem Fuß Schritt nach vorne.
3. Wieder mit dem linken Fuß ein Schritt nach vorne.
4. Mit dem Oberkörper zurückwiegen auf den rechten Fuß, der noch hinten steht. Linken Fuß evtl. leicht abheben um dann von neuem mit dem Vorwiegen auf den linken Fuß zu beginnen (entspricht Zählzeit 1).

Martin Braun, Ute Hienerwadel

Körper – Kontakt zu mir selbst

Körperarbeit

Dieses Stichwort ist uns wichtig, wenn es um religiöse Ausdrucksformen geht. Allerdings ist es schwer, Körperübungen über eine schriftliche Anleitung zu vermitteln, da der/die Anleitende Erfahrung haben muß, um eine Übung verantwortlich weitergeben zu können. Die folgenden Eutonieübungen sind einfach und verlangen kein Vorwissen. Dafür aber die Bereitschaft, sich einzulassen und in die Welt der Wahrnehmung einzutauchen. Es ist immer notwendig, als Anleitende/r die Übung vorher selber – und zwar mehrmals – zu üben: Die Teilnehmenden tragen die Verantwortung für die Übung selber und sollen deshalb jederzeit aufhören, wenn sie spüren, daß ihnen die Übung nicht gut tut. Sagt dies bitte zu Beginn, wenn ihr die Übungen einleitet.

Die Füße

Füße haben grundlegende Bedeutung. Sie geben Halt für den aufrechten Gang, sie ermöglichen das Stehen. Die Füße werden oft vergessen und lieblos behandelt. Eingezwängt in meist enges und unbequemes Schuhwerk. Im Sommer, der Zeit des Barfußlaufens, erinnern wir uns und erleben, wie lebendige Füße sich anfühlen können. In der Eutonie, das ist eine besondere Form der Körperwahrnehmung, spielen die Füße eine wichtige Rolle. Jemand kann nur dann bei sich sein, wenn er/sie lebendige, wache Füße hat.

Füße erwecken –
Barfuß über Rasen laufen.
Steinerne Einfassungen er-gehen.
Die glatte, ebene Fläche eines Zimmerbodens spüren.

Ein Fuß spielt mit dem Tennisball: die Sohle und die Zehen ertasten Fläche, Grenzen, Höhlung, Wölbung. Wichtig dabei ist, die unterschiedliche Befindlichkeit zwischen dem übenden (Spiel-)Fuß und dem ruhenden benennen zu lassen.

Überrascht stellen wir fest, wie ›warm‹, ›groß‹, ›dick‹, ›tief‹ der angesprochene Fuß da ist. Danach kommt der andere Fuß an die Reihe. Nachspüren mit beiden Füßen.

Den eigenen nackten Fuß untersuchen, begreifen, behandeln z.B. massieren, klopfen, streichen. Teile benennen lassen.

Margarete Ester

Ich habe Stand

Vorübung dazu ist das ›Baumspiel‹. Dabei läßt sich das Verwurzeltsein, das Über-sich-Hinausfühlen, aber auch die Verbindung vom Wipfel über den Stamm bis zu den Wurzeln erfahren. Wenn die Kinder in Marschrichtung im Kreis stehen, so daß jedes den Rücken des Vorderkindes erreicht, können sie sich zuerst selbst, danach gegenseitig betasten: die hinteren Scheitelhaare (Wipfel) des anderen bewußt anfassen, über die Wirbelsäule (Stamm) streichen, an der Rückseite der Beine entlang bis zu den Fersen.

Wenn ein Wind von rückwärts bewegt, läßt sich auch spüren, daß nicht breitbeiniges, nicht zu enges, sondern gemäßes Aufstellen der Füße guten Stand gibt. Eine Steh-Übung kann dann so angeleitet werden: Alle stehen. Wo stehst du? Wer steht vor/hinter/neben dir? Stehst du gut? Deine Füße? Hörst du sie? Trampeln, leiser, still? Vielleicht spürst du sie ... wie sie im Boden Wurzeln schlagen. Du weißt, vom Wipfel (anfassen) aus kannst du auch ein wenig in den Raum über dir spüren. Und von dort über Hinterkopf, Hals, Wirbelsäule am Stamm entlang abwärts tasten, bis du über die Beine, Fersen mit den Füßen wieder deine Wurzeln spüren kannst. Deine Fingerspitzen zeigen ja ebenfalls zum Boden, wo du stehst.
Ich stehe, ich bin da? (Kinder wiederholen dies vielleicht leise).

Margarete Ester

Eine Körperübung im Gottesdienst

Gedanken zum Stehen
Jeden Morgen muß ich aufstehen.
Manchmal mache ich einen Aufstand.

Ganz schön schwer, zu widerstehen.
Wer am Boden ist, muß wieder auf die Füße kommen.
Ich habe meinen Standpunkt.
Ich stehe gut da.
Zur Zeit muß ich viel durchstehen.

Bibeltext: Apg 3,1–10, besonders 3,7

Fürbitten:

1. Für alle, die keinen Standpunkt beziehen können oder wollen:
   Schenke ihnen Erkenntnis und Klarheit und mach' sie mutig, mehr von sich zu zeigen.
2. Für alle, die sich schwertun etwas durchzustehen:
   Schenke ihnen Standfestigkeit.
3. Für uns alle, die wir gut da stehen, daß wir aufeinander zugehen.
4. Für uns, daß wir unseren Standpunkt verändern können und damit eine neue Sichtweise des Ganzen bekommen.
5. Für uns, daß wir uns Zeit lassen, den richtigen Standpunkt zu finden.
6. Für uns, daß wir dem/der anderen seinen/ihren Standpunkt lassen können.

Eutonieübung »Stehen«

Besonders intensiv: Barfuß in der Natur, auf einer Wiese oder nichtsteinigem Grund. Auch möglich mit/in Schuhen.
Jede/r sucht sich einen Platz, an dem er/sie gerne diese Übung machen möchte. Zuerst: mich einstellen.
Versuche deinen Stand zu finden, indem du ausprobierst, wie es sich anfühlt, wenn du die Beine ganz eng nebeneinander stellst oder wenn du breitbeinig dastehst. Suche das Mittelmaß zwischen eng und zu breitspurig zu finden (...). Eine Hilfe kann eine erdachte Linie zwischen Schultergelenk, Hüfte und Ferse sein. Probier aus, wie du gerade stehen möchtest und nimm diesen Stand einige Augenblicke wahr. (...)
Schenke dann deinen Fußsohlen besondere Aufmerksamkeit. Welche Stellen deiner Fußsohlen fühlen sich lebendig an, welche kalt oder hart, vielleicht spürst du schmerzhafte Stellen (...). Bewege deine Zehen ganz leicht, ohne sie vom Boden zu lösen. Was kannst du bewegen, wie wirkt sich die Bewe-

gung aus? Laß den Fuß dann wieder ruhen und spüre nach, was sich verändert hat. (...) Nimm den Kontakt zum Boden wahr. (...) Versuche den Fuß als Ganzes wahrzunehmen. Den Fußrücken, die Knöchel, den Übergang zur Wade. (...) Wenn du deine Füße gut spüren kannst, dann schließe (nur wenn du magst) für einen Moment die Augen und stell dir vor, du seist ein Baum, der vom Wind ganz leicht hin- und herbewegt wird. Der Wind bewegt dich so sanft, daß jemand anders die Bewegung vielleicht von außen gar nicht sehen kann. Laß dir Zeit für das Schwingen (mit offenen oder geschlossenen Augen) und hör auf, wenn du genug hast. Wenn du wieder ruhig geworden bist, spüre nach, was sich verändert hat. Vergleiche deinen Stand jetzt mit deinem Stand vor der kleinen Übung. Öffne nun die Augen und dehne dich und gähne, fang an, dich wieder behutsam zu bewegen.

Sitzen

Beim Sitzen müssen wir auf die Anatomie achten.
Bodenkontakt mit den Füßen muß gegeben sein. Die Gelenke der Arme und Beine sind im rechten Winkel abgewinkelt.
Die Wirbelsäule ist aufgerichtet.
Nun kann der Atem strömen.
Die Alternative zum Sitzen auf dem Stuhl ist »wie die Hühner auf der Stange«.
Wichtig: die ruhenden Fußsohlen; eine ordnende Kraft geht davon aus – und damit die Bereitschaft zum Hören. Also, wieder die Füße!
Bei den einführenden Übungen werden durch Hin- und Herruckeln die Sitzbeinhöcker kennengelernt.
Mit den Händen können die Rückseiten der Oberschenkel – Kniekehlen – Unterschenkel bis zu den Fersen entlanggetastet werden.
Die Füße melden sich mit trampeln.
Spüren lassen von Ferse, Fußsohle, Großzehe, Zehen.
Erlauschen, ob die Strümpfe, Schuhe, der Boden spürbar da sind.
Spüren, wo du aufsitzt: Höcker, Beine, Kniekehlen.
Spürst du noch die Fersen, die Sohle, die Zehen?
Dein »Wipfel« spürt nach oben – auch der Rücken ist da – die Hände spüren die Oberschenkel.
Ich habe Platz – Füße – ich bin da.

Margarete Ester

Mit dem Körper beten

Das Vaterunser

Diese körperliche Darstellung des Vaterunser könnt ihr sehr eindrucksvoll bei einem Gottesdienst darstellen.

– Vater unser im Himmel	beide Arme ellbogenhoch erheben, Hände nach oben öffnen,
– geheiligt werde Dein Name	Arme und Hände langsam nach oben führen,
– Dein Reich komme	die Hände gehen weiter auseinander und bilden einen Kreis – wie eine Krone
– Dein Wille geschehe wie im Himmel so auf Erden	der rechte Arm zeigt nach oben, der linke Arm zeigt nach unten
– unser tägliches Brot gib uns heute	die Hände werden vor dem Körper wie eine Schale gehalten,
– und vergib uns unsere Schuld	die linke Hand geht nach links, rechte ebenfalls und deckt die linke zu
– auch wir vergeben unseren Schuldigern	die rechte Hand legt sich auf die ausgestreckte linke Hand des rechten Nachbarn
– und führe uns nicht in Versuchung	Arme ausstrecken – nach vorne – waagrecht überkreuzen

– sondern erlöse uns von dem Bösen	die überkreuzten Arme werden nach oben geführt und plötzlich gelöst
– denn Dein ist das Reich	die Arme werden nach oben gestreckt
– und die Kraft und die Herrlichkeit in alle Ewigkeit	jeder faßt seinen Nachbarn an den erhobenen Händen, die sich langsam senken
– Amen	langsame, tiefe Verbeugung zur Kreismitte, zum Altar und voreinander – und füreinander …

Übung und Impuls

- Ich stelle mir vor, daß ich mich an einen einsamen Ort zurückziehe, wo ich es genießen kann, allein zu sein;
- denn Einsamkeit ist eine Zeit, in der ich bei mir sein kann, in der ich mir selber bewußter werden kann und in der ich Dinge spüren kann, die mich bewegen.
- Es kommt mir zum Bewußtsein, daß ich in diesem Raum bin …
- Ich spüre die Empfindungen in meinem Körper …
- und die Berührung der Kleider, die ich trage …
- und die des Stuhles, auf dem ich sitze …
- Ich nehme die Töne um mich her wahr … und meinen Atem.
- Ich mache mir bewußt, daß ich da bin, jetzt hier, an diesem Platz – auf der Welt – in diesem Leben.
- Ich spüre und höre in mich hinein.
- Was läßt mich leben?
- Das kann sein:

  Begegnungen mit Menschen; Erlebnisse, Erfahrungen aus meinem Leben; ein Wort, das mir jemand gesagt oder zugesprochen hat; ein Wort aus der Heiligen Schrift, das mich getroffen und bewegt hat. Alles das, was jetzt in mir aufsteigt, laß ich da sein in mir.

Religiöses ins Spiel bringen

Spielen ist ein ganzheitliches Geschehen, das viele Seiten des Menschen zum Klingen bringt. Oft geht es darum, etwas miteinander zu tun, Kooperation und Gemeinschaftsfähigkeit zu lernen. Gerade diese steht in unmittelbarem Zusammenhang mit gelebter Religiosität. Spielen geschieht schöpferisch–kreativ. Neues wird erlebt und gestaltet. Kein Zufall also, daß in Sprüche 8,22–32 eine Spielkameradin Gottes vorgestellt wird, die durch ihr Spiel zur Erschaffung der Welt beiträgt.

Spiel ist Prozeß, Bewegung, Erfahrung, Lernen. Ähnlich wie bei der persönlichen Glaubensentwicklung gibt es nichts Fertiges, Endgültiges. Spielen fordert heraus, Fähigkeiten zu entwickeln, die der Kommunikation und Interaktion mit anderen und sich selber dienen. Spiele fordern heraus, ganz Mensch zu sein, und Schiller weiß: »Der Mensch ist nur dort ganz Mensch, wo er spielt.« Spielen ist ein umfangreiches Thema. Hier wollen wir Dinge ansprechen, die für eine Spielpraxis auf Freizeiten notwendig sind.

Statt einzelner Spiele haben wir im Kapitel »Fixpunkte« geeignete Spielbücher und -karteien zusammengestellt.

Grundaussagen zur Bedeutung des Spieles

Spielen ist die lustvollste, zwangloseste und daher wirksamste Form des Lernens. Das Spiel ist Wirklichkeit auf der Übungsebene.

Die materielle und die menschliche Umwelt werden entdeckt und erfahren.

Persönliche und soziale Fähigkeiten, die Umwelt zu bewältigen, bilden sich aus, werden gefordert und müssen sich bewähren.

Das Verhalten der gesamten Gruppe und des/der jeweils einzelnen bedingen sich gegenseitig: Es wird bestätigt, gefragt, in Frage gestellt. Vertrauen zwischen den einzelnen Gruppenmitgliedern ist dafür Voraussetzung.

Spielprozesse sind Selbstentfaltungs-, Selbsterfahrungs- und Lernprozesse.

Spiele bewirken etwas. Sie sollen daher gezielt eingesetzt werden, um auf eine Person, Situation, Entwicklung fördernd einwirken zu können.

Spielregeln sind sinnvoll und notwendig. Sie legen das Zueinander-Verhalten, das Miteinander-Verhalten und das Zusammenspiel der einzelnen Spieler fest.

Spielregeln sollen nicht reglementieren bzw. einschränken. Sie geben Sicherheit, Orientierung und helfen dabei, den Sinn und Zweck des Spieles zu erfüllen.

Der Spielleiter sollte sich bei der Auswahl von Spielen am augenblicklichen Stand/Befinden der Spieler/Gruppe orientieren. Er sollte lernen, kontinuierlich Spielabläufe zu planen, d.h. Spielprogramme zu entwickeln.

Den perfekten Spielleiter gibt es nicht, jedoch hat jeder Spielleiter wichtige Aufgaben, um deren Verwirklichung er sich bemühen sollte:

- selber Spaß am Spiel haben;
- Autorität im Sinne von Zuverlässigkeit und Gerechtigkeit ausstrahlen;
- sich auf spontane und neue Entwicklungen einstellen können;
- auf angemessene Art und Weise (in) das Spiel einführen können;
- das Spiel in Gang halten, es aber auch rechtzeitig abbrechen können.

Anforderungen und Erwartungen an SpielleiterInnen

Die folgenden Kriterien skizzieren den Erwartunghorizont, der für SpielleiterInnen ohne einschlägige (spiel-)pädagogische Ausbildung bzw. Qualifikation gilt. Ein Spielpädagoge sollte darüber hinaus noch in den Bereichen Ausbildung/Fortbildung/MitarbeiterInnenschulung, im Bereich der spielpädagogischen Beratung (von Eltern und Institutionen), der Entwicklung und Durchführung von Konzepten und Spielprogrammen sowie der Verbreitung des Spiels über entsprechende Veröffentlichungen Bescheid wissen.

SpielleiterInnen sollten demnach:

- genügend Quellen kennen, in denen Spiele gesammelt sind (Bücher, Karteien, Broschüren);
- Vermutungen über die Wirkung ausgewählter Spiele auf seine/ihre Gruppe hin anstellen können (wie die Spiele »ankommen«);
- kennengelernte Spiele auf seine/ihre Gruppe hin abwandeln können;
- die für bestimmte Spiele notwendige Stimmung oder Atmosphäre in der Gruppe oder im Raum erzeugen können;
- Zustand und Interessen der Gruppe für die Spielauswahl richtig einschätzen können;
- Spiele genau, verständlich und selbstsicher erklären können;
- zum Spielen in lockerer Form auffordern und animieren können (gerade auch in offenen Gruppensituationen);
- durch eigene Zurückhaltung und die Verwendung offener Spielformen die Selbstbeteiligung und Kreativität der Gruppe fördern können;
- beim Spielen durch entsprechende Worte und Verhaltensweisen den Spielfortgang und die Beteiligung der einzelnen Mitspieler fördern können;
- angemessen reagieren können, wenn MitspielerInnen aussteigen oder einzelne nicht mitmachen wollen;
- die Arbeitsteilung und verschiedene Rollen bei mehreren SpielleiterInnen absprechen und einhalten können;
- und nicht zuletzt alle von ihm eingesetzten Spiele schon einmal selber gespielt haben, um deren Wirkung einschätzen zu können.

Dieter Barth

13 goldene Spielregeln (frei nach Karin Friedrich: »Spiele für viele«)

Ein heiteres Spiel ist besser als ein langweiliges Gespräch.

Man spielt miteinander, um sich zu unterhalten und im zweckfreien Wettkampf Geistes- und Körperkräfte zu üben.

Zu jedem Sport gehört ein/e Spielleiter/in. Er/sie macht die Teilnehmer mit den Spielregeln bekannt und sorgt dafür, daß alles Spielmaterial rechtzeitig zur Stelle ist.

Aufgabe des Spielleiters ist es, nur solche Spiele vorzuschlagen, denen die Spieler gewachsen sind. Niemand darf als Mauerblümchen abseits stehen müssen, keiner sein Licht aufdringlich leuchten lassen, so daß andere in den Schatten gestellt werden.

»VA-Spiele« (Verarschungsspiele) sind unsoziale Spiele!

Bevor nicht alle die Spielregeln begriffen haben, kann das Spiel nicht beginnen.

Unbeliebt ist der Spieler, der immer alles besser weiß ...

Mogeln gilt nicht!

Jedes Spiel verlangt Ritterlichkeit. Wer andere Mitspieler auslacht, handelt unfair. Möglicherweise hat gerade dieser hier »schwächere« Spieler bei einer anderen Gelegenheit echte »Stärken« ...

Nie sollen sich die Gemüter beim Spiel so erhitzen, daß aus Spiel Ernst wird, aus Spielfreude Leidenschaft und Gewinnen-Müssen ...

Wer verliert, verliere liebenswürdig und sei nicht beleidigt. Vom Gewinnen hängt nicht das Lebensglück ab ...

Auch Gewinnen ist eine Kunst, die gelernt sein will. Je bescheidener und natürlicher sich einer freut, desto besser. Prahlendes Triumphgeschrei kränkt!

Zum Spielen gehört auch Aufhören und Aufräumen! Rechtzeitig aufhören, ein Spiel nicht »zu Tode spielen« und gemeinsam aufräumen – und nicht das Aufräumen einem/er »Sklave/in« überlassen ...

Was Jugendlichen heilig ist

Die beiden Worte »Jugendliche« und »heilig« stehen in einer Spannung. Jugendliche: jung sein, das Leben ausprobieren, sich gegen das Vorgegebene abgrenzen. Heilig: ein Begriff aus dem kirchlichen Bereich. Langweilig, brav, weltfremd? Der BDKJ in der Diözese Aachen hat den Versuch gewagt, Jugendliche zu fragen, was ihnen heilig ist.

Bernhard: »Nix ist schlechthin heilig. Etwas ist dir oder mir heilig. Schön, wenn uns etwas Gemeinsames heilig ist.«

Sabine: »Heilig ist für mich etwas, das ich akzeptiere, wie es ist. Da ich noch zuviel will, es also nicht völlig akzeptiere, meine ich sagen zu müssen, daß mir viel zu wenig heilig ist. Dabei gibt es viele Dinge, die es wert sind, ›heilig‹ zu sein.«

Peter: »...denn heilig ist das, was mich ›heil‹ macht gegen die ›Wunden‹ der Zeit.«

Steffi: »Heilig ist, wenn du jemand wahnsinnig gern hast und an ihn glaubst.«
Heiligtümer – Gegenstände, Erlebnisse aus der persönlichen Geschichte von einzelnen. Heiligtümer sind etwas intimes. Es braucht Vertrauen, einander zu zeigen, was jedem persönlich heilig ist.

Stefan: »Den kleinen Teddybär hat mir meine Freundin geschenkt. Er ist von ihr komplett selbst gebastelt und hat für mich deshalb einen noch viel höheren Stellenwert als ein gekaufter Teddy. Er sitzt normalerweise an oder in meinem Bett, um auf mich aufzupassen und mich an meine Freundin zu erinnern«.

Manni: »Meine Jeansjacke trage ich eigentlich fast immer. Sie ist genau so locker wie ich und geht mit mir durch dick und dünn«.

Barbara: »1979 schenkten mir meine Geschwister ein Tagebuch; mein Vater machte mir die Kiste dazu. Seitdem hat es mir schon oft geholfen, wenn ich mit Situationen nicht klar kam, meine Gedanken ordnen oder auch große Freude ausdrücken wollte. Ich glaube, ich kann es als ›mir heilig‹ bezeichnen, weil ich es nicht missen möchte – als Helfer, aber auch, um mal wieder ›in meine früheren Jahre hineinzuschnüffeln‹.«

Jürgen: »Vor fünf Jahren im Urlaub mit Freunden kamen wir darauf, daß man bestimmte Dinge und Eindrücke einfach nicht fotografieren kann. Dieser Stein stammt aus einem Fjord in Norwegen. Wir haben uns den Moment fest eingeprägt und werden das ›Bild‹ nicht vergessen. (=Seelendia)«

Marion: »Dieser Besen ist mir ›heilig‹, weil ich ihn vor Jahren von einer Freundin geschenkt bekam mit dem Rat, ›auch mal vor meiner eigenen Tür zu kehren!‹ Wichtig ist mir dieses Erlebnis aus zwei Gründen:

1. Durch dieses Geschenk habe ich zum ersten Mal bewußt erlebt, daß ein anderer an meiner Person sehr ernste Kritik übte, ohne mir gleichzeitig das Gefühl zu geben, mir etwas Böses zu wollen. Hier lernte ich, daß Kritik nicht vernichtend sein muß, sondern eine Hilfe sein kann.
2. Dieses Geschenk war der Ursprung für eine sehr intensive und enge Freundschaft.«

Dorothee: »Dieses Briefbündel ist mir deshalb ›heilig‹, weil es mir immer wieder zeigt, daß ich nicht allein auf der Welt bin. Jeder einzelne Brief ist mir ›heilig‹; er enthält allerlei Gefühle und Erinnerungen. Sie sind niemals zu ersetzen. Sie sind persönlich an mich gerichtet, und ich bitte darum, daß das Bündel als Symbol gesehen wird und die Briefe nicht gelesen werden. Danke!«

Margit: »Diese Lampe schenkte mir meine Freundin, als ich 14 Jahre alt war. Wir versuchten, die Welt der Erwachsenen zu betreten, und probierten alles aus. Irgendwann kam es zu einem Streit zwischen uns beiden. Als ich bereit war, mich wieder mit meiner Freundin zu versöhnen, und sie zu Weihnachten besuchen wollte, war sie gestorben. Ich war damals 16. Die Lampe ist für mich auch ein Zeichen, daß ich es in einem Streit nicht zum absoluten Bruch kommen lassen will, weil ich erlebt habe, daß eine Versöhnung manchmal nicht mehr möglich ist.«

Die gesamte Ausstellung ist dokumentiert in:
»Das ist mir heilig«. Ausstellung Heiligtümer Jugendlicher.
BDKJ Bischöfliches Generalvikariat, Aachen

Auf einer Jugendseelsorgertagung haben Hauptamtliche in der Jugendarbeit nach weiteren Heiligtümern geforscht

Mystisches / Magie / Okkultismus:
Aktion, Spannung, Abenteuer, Mut-Probe, Lebens-Hilfe, Antworten

Krankheit / Unfall / Tod

Motorrad/Mofa:
Selbständigkeit, Freiheit, Pferde-Stärke, Prestige, Abenteuer, Spaß, Gruppengefühl, Hobby

Berufs-Wahl:
Erwachsen werden, Geld, Sicherheit, Zukunft, erste eigene Entscheidung

Schulabschluß:
Umbruch, Aufbruch, Abschied, Freiheit, Druck abwerfen

Daheim ausziehen:
Erwachsen werden, Verantwortung übernehmen

Haustiere:
Kuscheln, Verantwortung für jemand, Liebe

Ausschlafen:
Aussteigen, Zurückziehen, Auflehnen gegen Eltern

Freundschaft:
Status; »ich bin wer, weil ich dir wichtig bin«; Neugier; Spannung; Angst vor dem Ab-blitzen; Körper ent-decken / Sexualität; Rituale; Sehnsucht nach Geborgenheit

Verein:
Regeln und Verantwortung übernehmen

Clique:
»Gesetzgeberin«, wichtigster Bezugspunkt, Geborgenheit, Zärtlichkeit, Ersatzfamilie, Rituale, Grund, daheim wegzugehen, Prestige, miteinander Freizeit machen

Musik:
Betäubung, Ausleben von Gefühlen, Abschalten, Abgrenzungen gegen Erwachsene und untereinander; Feeling »es läuft was« – der CD-Player – Musik gibt Sicherheit

Computer

Kleidung und Outfit:
Erkennungs- und Unterscheidungsmerkmal, aber auch Uniformierung; Protest gegen Erwachsene; Investition von Freizeit und Geld

Ideen für eine Freizeit

Vielleicht gelingt es, die abgewandelte Fragestellung: »Was ist mir auf der Freizeit heilig«? in Form einer Ausstellung oder eines Gottesdienstes aufzugreifen.
Wenn die Gruppe sehr groß ist, ist es besser, als Zelt- oder Zimmergruppe etwas zu machen.
Es ist für einzelne sicher auch leichter, etwas zu zweit oder dritt beizutragen, da es ein ungutes Gefühl geben kann, zuviel von sich zu zeigen.
Im Kapitel »Zeitpunkte« finden sich weitere Anregungen zu diesem Thema.

Bibel zwischen Zelt und Gipfel

Für viele Menschen ist es befremdlich, mit der Bibel, mit biblischen Texten und Geschichten spielerisch umzugehen. Die Bibel als Wort Gottes ist eine ernste Sache, die sich nicht zum Spielen eignet. Schade! Welches Gottesbild steckt dahinter, wenn nur Distanz und Ehrfurcht die Beziehung zum Gotteswort ausmachen? Spielen heißt nicht, etwas lächerlich zu machen; es heißt vielmehr, nicht nur über den Verstand Zugänge zu erschließen. Der ganze Mensch, vor allem auch körperliche Reaktionen und Ausdrucksweisen werden miteinbezogen. Die Gefahr beim Spielen mit Bibeltexten sehe ich in einem zu hohen Anspruch. Durch ein Spiel soll ein Text ganz, d.h. in all seinen Aspekten erfaßt werden. Ich meine, das kann das Ziel einer spielerischen Auseinandersetzung nicht sein. Vielmehr soll ein Kind oder Jugendlicher ausprobieren, was er/sie in der Geschichte entdeckt, und einen Zugang vom eigenen Erleben her bekommen. Deshalb haben auch bereits bekannte biblische Geschichten immer wieder Neues zu bieten.
Grundsätzlich eignen sich alle Texte, die einen Handlungsablauf beschreiben oder einen bildhaften/symbolischen Gehalt haben. Den meisten Bibeltexten liegen konkrete Ereignisse oder Handlungen zugrunde, die in Sprache gefaßt wurden. Beim Spielen mit Bibeltexten geht man genau den umgekehrten Weg: Vom verfaßten Text aus wird versucht, den Ereignissen und Personen nachzuspüren und dabei Gefühle, Erfahrungen und dadurch Lebendigkeit zu entdecken.

Methoden der Bibelwerkstatt

1. Schriftliche Methoden

Briefe schreiben
Einer Person aus der Bibelstelle mal so richtig die Meinung sagen … oder nachfragen … oder sie wieder aufbauen …

Du kannst dich auch mit einer Person identifizieren und als diese an eine weitere Person aus der Geschichte einen Brief schreiben.

Tagebuch schreiben

Eine Person schreibt im Nachhinein über das Erlebte Tagebuch. Versetze dich in eine Person deiner Wahl, die in der Geschichte vorkommt.

Zeitungsbericht und Rundfunkinterview

Im »Zeitungsbericht« werden Bibelgeschichten aus der Sicht eines damaligen oder heutigen Journalisten gesehen. Es geht um die Frage: Wie hätte damals oder heute eine Zeitung über irgendeinen biblischen Vorfall berichtet?
Es ist hilfreich, die geschichtlichen Hintergründe des verwendeten Textes zu kennen.

Interview

mit einer der Hauptpersonen der Geschichte.

Verfremdungen/Aktualisierungen

Bibeltexte mit Themen anfüllen, die gerade aktuell und drängend sind. Der ursprüngliche Bibeltext ist zu erkennen, der Inhalt kann ganz neu sein.
Beispiele:

1. Das Gleichnis vom Unkraut unter dem Weizen

Es war ein Mensch, der säte guten Samen aufs Land: Umweltbewußtsein, das mit Augenmaß für die Bewahrung der Schöpfung eintrat. Aber eines Nachts kam ein Feind und säte wilden Samen auf das Feld. Da wucherten nun ganz verschiedene Motive mit auf dem Ökofeld.

- Den einen bewegte die reine Lehre einer ganz sich selbst überlassenen Natur.
- Der andere wollte nur sein Image aufpolieren, – einer hatte Angst um seine Enkel.
- Der andere wollte mehr Umwelttechnik verkaufen.
- Einer fand nur einen Öko-Job.
- Der andere hatte Angst vor dem Jüngsten Gericht.
- Wieder ein anderer war nun mal Umweltbeauftragter.

Da kamen die Knechte und meldeten die bunte Mischung von edlen und unedlen Motiven, und schlugen vor, nur noch lautere Beweggründe zu dulden und die anderen rauszuschmeißen.
Aber der Herr sprach: »Laßt beides bis zur Ernte wachsen. Wer nicht gegen die Bewahrung der Schöpfung ist, läßt sich noch dafür gewinnen. Und die Motive genau zu unterscheiden, ist kaum möglich. Darum laßt beides miteinander wachsen – bis zur Ernte.«

2. Das Gleichnis vom Weltgericht

Beim Jüngsten Gericht werden auch Tiere mit unter den Geschworenen sitzen, und Christus wird in seinem Plädoyer für und gegen die Angeklagten auch Folgendes vorbringen:
Ich bin ein Beagle gewesen, und ihr habt mich nicht ins Versuchslabor geschickt.
Ich bin ein Huhn gewesen, und ihr habt mich nicht zur Legemaschine degradiert.
Ich bin eine Kuh gewesen, und ihr habt mich nicht nur als Milchzapfhahn benutzt.
Ich bin ein Kalb gewesen, und wurde nicht nur als Fleischprodukt mißbraucht.
Ich bin ein Schwein gewesen, und mußte nicht nur angehängt auf einem Lattenrost dahinvegetieren.
Ich bin ein Krokodil gewesen, und wurde nicht nur zu Handtaschen verarbeitet.
Ich bin ein Vogel gewesen, und mußte nicht nur im Käfig hin- und herflattern.

Und als Anwalt der ganzen Natur wird Christus den Gesegneten sagen:
Ich bin der Bach gewesen, und ihr habt mir meine Windungen gelassen.
Ich bin der Urwald gewesen, und ihr habt meine Artenvielfalt als Reichtum erkannt. Ich bin die Wiese gewesen, und meine Blumenpracht hat euer Herz erfreut.
Ich bin das Meer gewesen, und die Blauwale durften darin ihren Gesang ertönen lassen.
Ich bin die Atmosphäre gewesen, und ihr habt sie als Schutzhaut des blauen Planeten heil gelassen.
Ich bin die fruchtbare Erde gewesen, und all die Milliarden Kleinstlebewesen durften dort ihren Lebensraum behalten und ihre Stoffwechselprozesse vollziehen.

Ich bin das Erbgut gewesen, und ihr habt mich als Geheimnis und Zentrum des Lebens respektiert.

H. Bullemer

3. Das Gleichnis vom Sämann

Es war ein Mensch, der säte Betroffenheit über den Zustand der Umwelt. Und etliches fiel auf den Weg, und man empörte sich kurz über die Dummheit anderer Menschen, schimpfte auf schwarze Schafe, böse Geschäftsmacher und unfähige Politiker, erzählte eine Story, bemerkte, daß man ein Auto mit Kat fahre und Altpapier sammle, und überhaupt müßte vieles anders werden, und wenn alle mitmachten, sei man selbstverständlich auch dabei – und schaltete ins nächste Programm, wo gleich das Länderspiel übertragen wurde.

Und etliches fiel auf felsiges Land, und man war tief erschüttert über den Zustand der Erde, über das Leiden der Tiere, über Artenschwund und Genmanipulation. Und man entschloß sich etwas zu tun, man unterschrieb in Protestlisten und fing an, weniger Fleisch zu essen und stellte auch gleich drei Schecks für Umweltorganisationen aus; man schrieb an den Umweltminister und nahm sich eine sanfte Urlaubsreise vor.

Aber nach einigen Wochen schrumpfte die Begeisterung. Die Ökoreise war teurer, Gemüseputzen war mühsamer, als sich ein Steak in die Pfanne zu hauen. Der Umweltminister ließ freundlich zurückschreiben und legte das Umweltprogramm seiner Partei bei. Man las, daß auch bei Greenpeace manches daneben geht, und die Protestlisten hatten auch keine Berge versetzt. Und so kümmerte das Pflänzchen Betroffenheit dahin, weinte sich selbst eine Träne – und verschied.

Und etliche Betroffenheit fiel unter die Dornen, und all die guten Ansätze gingen auf, und man zog wirklich Konsequenzen und änderte seinen Lebensstil. Aber die Sorgen gingen mit auf, und man zweifelte, ob nicht doch alles schon zu spät sei, ob die Klimakatastrophe nicht doch unaufhaltsam voranschreite, ob die Bevölkerungsexplosion nicht alles ökologische Bemühen absurd mache, ob die Menschen zu einem wirklichen Umsteuern überhaupt in der Lage seien und ob man da nicht lieber den Rest der Zeit noch etwas genießen sollte, bis eh alles den Bach runter ginge.

Und die Sorgen und Zweifel erstickten alles Bemühen, und das Engagement erlahmte und man ordnete sich wieder ein in den Zug der Zeit.

Und etliches fiel auf gutes Land und ging auf und …

(Nach-)Spielen

Darstellendes Spiel

Mit eigenen Worten das spielen, was in der Geschichte steht

Pantomime

- Ohne Worte den Inhalt nachspielen,
- eine Interpretation, einen Anstoß, der aus dem Bibeltext kommt, pantomimisch darstellen.

Schattenspiel

Eine Wand aus gespanntem weißen Stoff wird zur Leinwand.
Die SpielerInnen und/oder Puppen agieren hinter der Wand. Ein Diaprojektor wirft die Schatten auf die Leinwand. Ein schwarz-weißes Schauspiel, das der eigenen Phantasie viel Raum läßt.
Als Schattenfiguren eignen sich:

- Flachfiguren – auf Karton gezeichnet, ausgeschnitten und an einem Holzstab befestigt. Die Figuren lassen sich bewegen mit Klammern und zusätzlichem Stab.
- Stabpuppen mit Styropor/Holz-Köpfen (Seiden-)Tüchern und Holzkugeln als Arme/Beine (Anleitungen findet ihr in Bastelbüchern)

Rollenspiel

Eine Person z.B. die Hauptperson wird gespielt. Verkleidet tritt sie vor die anderen und erzählt die Geschichte aus ihrer Sicht.

Dialog

Die Handlung als Dialog zwischen zwei Personen abfassen und sie diese vortragen lassen.

Körperbezogene Bibelarbeit

Die Seesturm-Erzählung Mk 4,35–41

Wasser erleben (ein Versuch, schrittweise das Element Wasser zu erfahren)

1. Schritt: Alle knien in einer Runde, und ihr beginnt, langsam mit den Händen in einem in der Phantasie vorgestellten Brunnen herumzuplätschern. Hier ist den Ideen freier Lauf gegeben: Alles, was man sich nur vorstellen kann, sollte hier gespielt werden, z.B. plätschern, spritzen, übergießen, trinken usw.

2. Schritt: Wir schöpfen Wasser aus dem Brunnen und gießen es in die Hände unseres Nachbarn bzw. lassen es in unsere Hände gießen.

3. Schritt: Danach stellen einige aus der Gruppe nacheinander dar, wie sie sich Wasser vorstellen, und die ganze Gruppe ahmt diese Bewegung jeweils gleichzeitig nach.

4. Schritt: Dieser Teil sollte nun mit Musik untermalt werden. Dazu können entweder Orff-Instrumente benutzt werden oder eine Schallplatte, z.B. Kindertänze aus Südamerika: Galupera, die Tänzerin mit dem geweihten Wasser. Jeder sucht sich jetzt einen Partner. Wir stellen uns so hin, daß sich immer zwei gegenüberstehen. Dann beginnt einer von beiden, Wasser darzustellen, wobei sein Partner versucht, den Bewegungen spiegelbildlich zu folgen (hier kann man nun öfters abwechseln).

Nach dem Spiel setzt man sich zusammen und tauscht die Erlebnisse aus.

Vorbereitung:
Den Raum abdunkeln. Je nach Teilnehmerzahl in der Mitte des Raumes eine oder zwei braune Decke(n) ausbreiten und womöglich mit blauen Tüchern, Schals usw. umranden. Die braunen Decken erklärt der Leiter bzw. die Leiterin zu einem Fischerkahn. Die Gruppenmitglieder nehmen auf der braunen Decke (d.h.Fischerkahn) Platz.
Da es oft schwierig ist, daß jemand die Rolle »Jesus« übernimmt, sollte man in der Nähe eine Kerze und Streichhölzer bereithalten.

Das Spiel:
Vorgeschichte (sie wird vom Leiter bzw. von der Leiterin, der/die mit im Boot sitzt, erzählt): Jesus zog mit seinen Freunden durch die Dörfer und Städte. Überall, wohin Jesus kam, öffneten die Menschen ihre Fenster und Türen. Sie kamen aus ihren Häusern heraus und öffneten ihre Augen, Ohren und ihre Herzen. Sie wollten Jesus anhören, anschauen und anrühren. Als es Abend wird, ist Jesus müde. Er sagt zu seinen Freunden: Wir wollen allein sein. Simon aber, ein Freund Jesu, antwortete: Ich habe ein Boot, mit dem können wir in die Mitte des Sees fahren, dann sind wir allein. Und so geschieht es auch. Sie steigen in das Boot und fahren in die Mitte des Sees. Die Menschen am Ufer winken noch, dann gehen sie nach Hause. Jesus aber sitzt im Boot und ist müde. Er fällt in einen tiefen Schlaf.

Nun beginnt das Spiel:
Der Leiter (bzw. die Leiterin) fährt fort:
- Der See ist ganz ruhig;
- die letzten Sonnenstrahlen spielen im Wasser;
- leichter Wind;
- Jesus schläft.

Die Gruppe sitzt ruhig und schwankt leicht mit den Wellen.

Der Leiter (bzw. die Leiterin) schildert weiter:
- Eine Gewitterwolke zieht auf
- verdeckt die Sonne;
- es wird dunkel;
- der Wind wird stärker;
- das Boot schwankt.

Die Gruppenmitglieder fassen sich an den Händen und schwanken mit.

Der Leiter (bzw. die Leiterin) fährt fort:
- Der Wind wird stärker, die Wellen gehen höher;
- schwarze Wolken türmen sich auf;
- Sturm bläst über uns;
- Wellen peitschen übers Boot.

Die Gruppe rückt ganz eng zusammen, krallt sich aneinander; ihre Bewegungen sind sehr heftig, stoßartig. Auf allen Gesichtern ist die Angst zu lesen.

Der Leiter (bzw. die Leiterin) beschreibt Jesus:
- Jesus liegt ruhig;
- er schläft.

Die Gruppe stöhnt und jammert.

Der Leiter (bzw. die Leiterin) ruft laut:
Die Menschen im Boot sind voller Angst:
sie rufen: »Jesus – wach auf, hilf uns, wir gehen unter, rette uns!«

Dann beschreibt der Leiter (bzw. die Leiterin) das Handeln Jesu:
- Er sagt: »Warum habt ihr Angst? Ich bin doch bei euch!«
- Er steht auf;
- er gebietet dem Sturm Ruhe.

Stille tritt ein.
Die Gruppe ist ganz still, erstarrt, noch ganz benommen, aber doch von einer großen inneren Ruhe erfaßt. Der Leiter (bzw. die Leiterin) zündet die Kerze an und schiebt sie in die Mitte des Jüngerkreises. Alle schauen auf das Licht und meditieren die Stille und die Flamme des Lichts. Nachdem das Erlebnis ausgeklungen ist, berichten alle über ihre Erlebnisse im Fischerboot.

Standbilder zu Bibeltexten

Eine einfache und doch immer wieder spannende Methode, um einen Bibeltext neu kennenzulernen, ist ein Standbild.
Zur Vorbereitung müssen die Orte der Geschichte im Raum ggfs. im Freien markiert werden. Die Bibelgeschichte wird vorgestellt, und die Personen, die vorkommen, werden näher betrachtet.
Was tun die einzelnen?
Wie alt sind sie?
Was erleben sie im Alltag?
Wie wurden sie in die Geschichte verwickelt?
Was denken sie über das, was geschehen ist?
Tauscht eure Meinungen und Ideen aus.
Jeder von euch kann sich nun an einen von ihm gewählten Ort der Geschichte stellen und eine Person seiner Wahl darstellen. Dies kann eine in der Geschichte genannte Person sein – oder eine erfundene.
Überlege dir, wie diese Person da ist: sitzend, liegend, stehend? Wie ist ihre Haltung, ihre Gestik, ihr Gesichtsausdruck?
Laßt euch Zeit, die Plätze einzunehmen, und laßt das Standbild auf euch wirken.
Jede/r kann nun kurz sagen: Ich bin der Soundso aus der Geschichte und möchte euch sagen: …
Es sollen nur kurze Impulse von den einzelnen gesagt werden.
Bei manchen Gruppen ist es von Vorteil, wenn eine/r eine Art »Reporter« spielt und den einzelnen zwei bis drei Fragen stellt.
Nachdem die Vorstellrunde des Standbilds beendet ist (nicht jede/r muß was sagen), sagt er laut: Ich bin jetzt wieder die (eigener Name). Streckt und bewegt euch. Das Bibelspiel ist für heute zu Ende.

Bibeltexte, die sich für Standbilder eignen:

- Das Gleichnis vom Sämann Mt 13,1–9
- Das Gleichnis vom verlorenen Sohn Lk 15,11–32
- Das Gleichnis vom Pharisäer und Zöllner Lk 18,9 –14
- Das Gleichnis vom anvertrauten Geld Lk 19,11–27
- eine der zahlreichen Heilungen, z.B. Mt 9,1–8; Mt 9,27–31

Fragen an Beteiligte

Ähnlich wie beim Standbild müssen auch hier die Personen und ihre Handlungsweisen näher in den Blick genommen werden. Dazu eignet sich ein Gruppengespräch. Geht dann durch den Raum, bewegt euch, wie ihr gerade mögt, und erinnert euch nochmals an die Geschichte. Manches ist vielleicht nach wie vor unverständlich. Manches ärgert dich. Manches findest du vielleicht ganz toll. Unter uns sind jetzt verschiedene Personen anwesend, die etwas mit der biblischen Geschichte zu tun haben. Der/die Leiterin legt z.B. Hula-Hoop-Reifen in den Raum mit Zetteln für die fiktive Person.
Empfehlenswert ist es:
- den Verfasser, sprich Evangelisten o.ä., anwesend sein zu lassen,
- Jesus, und/oder eine weitere Hauptperson,
- eine Person »?«

Die Anwesenden müssen, wenn sie einer der imaginären Personen eine Frage stellen wollen, in den Kreis mit dem »?« gehen. Und sagen: Ich als … (richtiger oder fiktiver Name) frage dich … oder will dir sagen … Dann gilt es abzuwarten, ob jemand in einen der angefragten Personenkreise geht und antwortet. Der/die SpielleiterIn hat die Möglichkeit, hier auch zu antworten und so ggfs. Informationen, Hintergründe, Theologie zu dem Text zu geben. Zwischen den Fragen tut Bewegung, »gehen« gut. Manches fällt ein oder auf.
Es klappt mit Fragen und Antworten gut, wenn die Teilnehmenden sich dem Text auf der emotionalen Ebene genähert haben. Ärger, Wut und Unverständnis haben Platz und lösen sich dann auch manchmal auf.

Freizeitenfundgrube

Gebete

Guter Gott, wir stehen am Anfang der gemeinsamen Tage, die uns Erholung und Entspannung bringen sollen und auch neue Erlebnisse in der Gemeinschaft.

Vielleicht können wir hier Begabungen entwickeln, die sonst in der Schulzeit zu verkümmern drohen.

Schenke uns Phantasie, damit wir hier Dinge ausprobieren, die zeigen, was in uns steckt.

Gib, daß wir Rücksicht nehmen können aufeinander und auf die Natur und die Dinge, die uns hier zur Verfügung stehen.

Öffne uns die Augen für die Schönheiten deiner Schöpfung.

Schenke uns neue Freundschaften und schöne gemeinsame Erlebnisse. Amen.

Vor den Ferien
Herr, vor uns liegen die Wochen der Ferien,
auf die wir uns schon lange freuen.
Wir haben viele Erwartungen und viele Pläne.
Wir möchten dich heute bitten:
Gib uns in diesen Wochen die Begegnung mit Menschen,
die uns etwas zu sagen haben, mit denen wir wirklich
sprechen können; einen Freund; eine Freundin,
vielleicht auf der ersten eigenen Reise unseres Lebens.

Gott,
es gibt Menschen,
die fast nur ans Arbeiten
und Geldverdienen denken.
Laß alle erkennen,
wie gut es tut,
auszuruhen und zu spielen/Ferien zu haben.
Das macht uns
fröhlich und frei.

Gott, die Zeit ist ein Geschenk,
das du uns machst,
aber ein vergängliches Geschenk,
ein Geschenk, das sich nicht aufheben läßt.
Herr, ich habe Zeit.
Ich habe meine Zeit für mich,
alle Zeit, die du mir gibst,
die Jahre meines Lebens,
die Tage meiner Jahre,
die Stunden meiner Tage,
sie gehören alle mir.
An mir ist es, in der Zeit mein
Leben zu erfüllen,
für dich und für meine Mitmenschen.

Guter Gott,
wir danken dir für die schöne Zeit
des Sommers und der Ferien.
Kleine und große Abenteuer warten auf uns,
wir wollen sie gemeinsam entdecken.
Manche Kinder haben vielleicht auch ein wenig Angst,
weil sie zum ersten Mal von Zuhause weg sind
und weil alles neu ist.
Schenke uns gute Ideen, wie wir unsere

gemeinsame Zeit verbringen können,
damit sich alle wohlfühlen.
Behüte und segne uns alle. Amen.

Lieber Gott,
auch hier im Zeltlager entstehen oft Situationen,
in denen wir uns gegenseitig nicht mehr »riechen« können.
Wir reden nicht mehr miteinander und
die so entstandenen Streitigkeiten können sich nicht lösen,
weil unsere Unsicherheit uns hindert,
auf den anderen zuzugehen.
Guter Gott,
ein neuer Tag hat angefangen, und
wir haben die Gelegenheit, die gestrigen Fehler zu vergessen.
Gib du uns die Fähigkeit,
am anderen immer wieder neue Eigenschaften zu entdecken und
ihn dadurch wieder gernzuhaben.
Darum bitten wir durch Christus, unseren Herrn. Amen.

Wir suchen das Leben
und finden oft nur Tod.
Wir sehnen uns nach Erfüllung und finden oft nur Leere.
Du weißt um unsere Wünsche, Gott,
darum schenke du uns Leben,
schenke du uns Erfüllung.
Du bist das Wasser, das unserem Leben Kraft verleiht.
Du bist das Brot, das unseren Hunger stillt.
Du bist der Wein, der unserem Leben Freude schenkt.
Du bist die Hand, die gibt.
Du trägst uns durch Krankheit und Tod.
So laß uns leer sein,
damit du uns füllen kannst.
Dir vertrauen wir. Amen.

Herr, unser Gott,
jedes Jahr aufs neue schenkst du uns den Sommer.
Alles blüht, neues Leben entfaltet sich und wächst:
Licht und Wärme für deine Menschen auf Erden.
Wir bitten dich:
Mach neue Menschen aus uns, großzügige und frohe Menschen,
mit einem Herzen für andere,
damit immer wieder neues Leben sich entfaltet und wächst:
neues, ewiges Leben. Amen.

Gott,
wir bitten dich,
bleibe bei uns in dieser Nacht.
Bleibe bei allen,
die in dieser Nacht keine Ruhe finden:
bei allen,
die Schmerzen erleiden,
die vor Sorge nicht einschlafen können,
die um andere Menschen trauern,
die in dieser Nacht sterben müssen,
die einsam sind;
bleibe bei allen,
die für andere in der Nacht arbeiten:
dem Personal in den Krankenhäusern,
den Menschen, die für die Sicherheit
anderer verantwortlich sind,
bei denen, die in dieser Nacht
das Brot backen,
die ihr Geld durch Nachtschichtarbeit
verdienen.

Gott,
bleibe bei uns allen in dieser Nacht. Amen.

Segensgebete

Der Herr sei vor dir,
um dir den rechten Weg zu zeigen.

Der Herr sei neben dir,
um dich in die Arme zu schließen
und dich zu schützen.

Der Herr sei hinter dir,
um dich zu bewahren
vor der Heimtücke böser Menschen.

Der Herr sei unter dir,
um dich aufzufangen, wenn du fällst
und dich aus der Schlinge zu ziehen.

Der Herr sei in dir,
um dich zu trösten,
wenn du traurig bist.

Der Herr sei um dich herum,
um dich zu verteidigen,
wenn andere über dich herfallen.

Der Herr sei über dir,
um dich zu segnen.
So segne dich der gütige Gott.

Der Herr
    voller Liebe wie eine Mutter
    und gut wie ein Vater.
Er segne dich
    er lasse dein Leben gedeihen
    er lasse deine Hoffnung erblühen
    er lasse deine Früchte reifen
Der Herr behüte dich
    er umarme dich in deiner Angst
    er stelle sich vor dich in deiner Not.

Der Herr lasse leuchten sein Angesicht über dir
    wie ein zärtlicher Blick erwärmt
    so überwinde er bei dir, was erstarrt ist.
Er sei dir gnädig
    wenn Schuld dich drückt
    dann lasse er dich aufatmen
    und mache dich frei.
Der Herr erhebe sein Angesicht über dich
    er sehe dein Leid
    er tröste und heile dich.
Er gebe dir Frieden
    das Wohl des Leibes
    das Heil deiner Seele.
Amen.

Gott, gib mir einen Menschen, mit dem ich reden darf,
einen, der mich verstehen und dem ich sagen kann,
was mich bedrückt und erfreut.
Gib mir, Gott, einen Menschen, dem ich zuhören
und zu dem ich gehören kann;
einen, der mir seinen Kummer klagt
und der mir seine Freude schenkt.
Gönne mir täglich, mein Gott, ein gutes Wort,
das lobt und aufrichtet.
Sprich du dies gute Wort, und laß mich mit dir reden.
Sag du: Es möge werden. Amen.

zwei hände
berühren ein haupt
zärtlich, bestimmt
und teilen aus
teilen mit:
ich gebe dir etwas mit
von meiner kraft

ich teile mit dir
meine freude
ich möchte dir
hoffnung mitgeben
ich habe dich gern
ich traue dir etwas zu
ich bin für dich
mitverantwortlich
ich begleite dich
ich will für dich dasein
dich ermutigen
und mittragen
du bist etwas wert
und hast einen auftrag
den du erfüllen sollst
ganz als mensch
mit gottes kraft
und jetzt und heute
sollst du damit beginnen
denn du bist gesegnet
um segen zu sein.

Almut Haneberg

Gott segne mir die Erde, auf der ich jetzt stehe.
Gott segne mir den Weg, auf dem ich jetzt gehe.
Gott segne mir das Ziel, für das ich jetzt lebe.

Du Immerdar und Immerdar,
segne mich auch, wenn ich raste.

Segne mir das, was mein Wille sucht,
segne mir das, was meine Liebe braucht,
segne mir das, worauf meine Hoffnung ruht.

Gott segne meinen Blick.

Texte zum Nachdenken

Ferien – Urlaub
F – frei sein von Terminen, Abläufen, Einteilungen ...
E – Erholung finden, einfach leben ...
R – Rasten können, die Betriebsamkeit einstellen, ruhen ...
I – Ideen verwirklichen, spielen, musizieren, wandern ...
E – Erlebnisse haben, sich daran freuen ...
N – Neues entdecken, bewundern, wagen ...

Ferien,
ein Wort, das die Phantasie bewegt, Sehnsüchte erweckt, ein Wort, hinter dem sich vieles versteckt, ein Wort, in das soviel hineingepackt wird – auch wenn nicht alles erfüllbar ist.

Ferien
Die Maus Frederick hat wohl einiges an Ferienhoffnung für sich und andere umgesetzt:

- Sonnenstrahlen sammeln
- Farben sammeln
- Worte sammeln

Ferien – Zeit zum Sammeln

- auf sich selber hin
- auf die Natur und Schöpfung hin
- auf Begegnungen mit anderen hin
- auf Gott hin

Ferien – Urlaub, eine geschenkte Zeit mit dem Auftrag, sie zu benutzen, sie auszufüllen, zu verkosten, zu genießen.

Alle Mäuse arbeiteten Tag und Nacht.
Alle – bis auf Frederick.
»Frederick, warum arbeitest du nicht?« fragten sie.
»Ich sammle Sonnenstrahlen für die Wintertage.«
Und als sie Frederick so dasitzen sahen, wie er auf die Wiese starrte, sagten sie: »Und nun Frederick, was machst du jetzt?« »Ich sammle Farben«, sagte er nur, »denn der Winter ist grau.«

(Vgl. dazu: »Frederick« von Leo Lionni)

Sommer

Der Sommer – er ist Inbegriff der Reife und Fülle. Alles in der Natur hat seinen Höhepunkt erreicht.

Wir Menschen stellen uns gern auf einen hohen Berg, um die Aussicht zu genießen. Doch wir müssen immer wieder hinabsteigen. Der Sommer ist eine Zeit der Ernte, eine Zeit der Feste, eine Zeit des Singens und eine Zeit des Dankens.

Wir brauchen Menschen

die nach der zehnten Enttäuschung
noch vertrauen können.
Wir brauchen Menschen,
die ein offenes Wort riskieren,
wenn anderen ein Unrecht geschieht.
Wir brauchen Menschen,
die lieber hergeben
als kassieren.

Wir brauchen Menschen,
deren Ja ein Ja ist
und deren Nein ein Nein ist.
Wir brauchen Menschen,
deren Hoffnung andere trägt
und zum Leben erweckt.
Wir brauchen Menschen,
damit die Zukunft menschlicher wird
als die Vergangenheit.

Anstöße

Wohin verläuft mein Lebensweg?
Hat mein Lebensweg ein Ziel?
Weiß ich, für welchen Weg
ich mich zu entscheiden habe?
Habe ich bisher
die richtigen Entschlüsse gefaßt?

Wem gehe ich aus dem Weg?
Befinde ich mich auf einem Fluchtweg?
Irrweg, in einer Sackgasse?
Gehe ich auf direktem Weg
oder benutze ich Umwege?

Wandere ich allein auf dem Weg?
Lasse ich andere mitgehen
auf meinem Weg?
Und wer gibt das Tempo an?

Wen lasse ich am Wegrand liegen, stehen?
Verstelle ich jemandem den Weg?
Habe ich Hindernisse aufgebaut?
Welche Sperren werden mir
in den Weg gelegt?

Helfe ich anderen,
damit sie ihren Weg finden können?
Oder werde ich für jemanden zum
Abweg, zur Sackgasse –
oder gar zum Weg in den Abgrund?

Ist mein Weg bequem, behaglich, schön?
Oder ist mein Weg unübersichtlich
und schwierig?
Lohnt sich mein Weg?
Wann wird mein Weg enden?
Wie wird mein Weg enden?
Wo wird mein Weg enden?

Alles hat seine Stunde – Gedanken zu Kohelet 3,1–8
Eine Zeit zum Töten, soll es geben –
aber es heißt doch: Du sollst nicht töten!

Eine Zeit zum Steine werfen soll es geben, sagst Du –
aber Er sagte doch: Wer ohne Sünde ist, werfe den ersten Stein!

Eine Zeit die Umarmung zu lösen soll es geben, steht da –
aber sie versprechen sich doch: Was Gott verbunden hat, darf der Mensch nicht trennen!

Eine Zeit zum Hassen soll es geben, lese ich weiter –
aber Er sprach doch: Liebe deinen Nächsten wie dich selbst!

Eine Zeit für den Krieg soll es geben –
aber er lehrte doch: Selig die Frieden stiften, denn sie werden Gottes Kinder heißen!

Verstehst du dieses Buch
voller Gegensätze, Pro und Contras, paradoxen Geschichten, die sich gegenseitig aufheben – nichts mehr übriglassen?
Ich zweifle – frage – und lese weiter ...
Und plötzlich wird mir klar,
wie vielschichtig, bunt und schillernd
mein Leben – diese Welt – ist.
Und daß für jede Seite
eine andere Seite bestehen muß.
Die Gegensätze würden,
wenn es nur einen Teil von ihnen gäbe,
ins Maßlose, Uferlose, Bodenlose abdriften
und dann untergehen – und wir mit ihnen.
Welch krebsartiges Geschwür wäre ein Apfelbaum,
wenn er immer nur wachsen würde,
und nie den Winter erleben würde,
in dem er stirbt,
um dann
im Frühling weider aufzuleben?
Alles hat seine Stunde.
Für jedes Geschehen unter dem Himmel
gibt es eine bestimmte Zeit.

Silke Altenburger

Fixpunkte

Weiterführende Bücher und Stellen

Literaturliste

Freizeitenarbeit

- BAG (Bundesarbeitsgemeinschaft Katholischer Ferienwerke): Handbuch für Freizeitleiter/innen
- Annette Breucker, Ferien – Freizeit – Abenteuer. Aus der Reihe Praxisbücher für den pädagogischen Alltag, Ökotopia-Verlag
- Irene Klein, Freizeitfahrplan. Ein umfassendes Grundlagenwerk für Freizeitleitungen, Pfeiffer-Verlag
- Johannes Schilling, Planung von Ferienlagern und Freizeiten, Kösel-Verlag

Gute-Nacht-Bücher

- Wolfgang Endres / Markus Olivieri, Der große Punkt, Kösel-Verlag
- Else Müller, Träumen auf der Mondschaukel. Autogenes Training mit Märchen und Gute-Nacht-Geschichten, Kösel-Verlag
- Schneewittchen in der Spätvorstellung. Märchen und andere Geschichten, KJG Verlag

Religiöse Texte / Impulse

- Auszeiten – Texte und Gebete, KJG Verlag
- Beten durch die Schallmauer, KJG Verlag
- Paul Jacobi, Damit unser Leben gelingen kann. Damit die Saat aufgeht. Damit das Glück Wurzeln schlägt. Drei Bände mit Erzählungen, Märchen

und Gedichten. Aufgeschlossen für Gespräche in Schule, Gemeinde und Jugendarbeit, Matthias-Grünewald-Verlag

- Manfred Frigger, Frühschicht – Spätschicht. Gestaltung von Früh- und Spätschichten mit allen Sinnen, Herder Verlag
- Hajo Brücken (Hg.), Das Fremde überwinden. Vom Umgang mit sich und anderen. Reihe 8-13, Burckhardthaus-Laetare-Verlag
- Willi Hoffsümmer, Gottes Spur in der Schöpfung. 200 Ideen für Ferien-Gottesdienste und Freizeiten, Matthias-Grünewald-Verlag
- Reinhard Brunner, Hörst du die Stille? Meditative Übungen mit Kindern, Kösel Verlag
- Benedikta Hintersberger, Mit Jugendlichen meditieren. Methoden – Einstiege – Texte, Don Bosco Verlag
- Rucksackfibel, Gedanken und Gebete für unterwegs, Kreuz Verlag
- Bruno Dörig, Schenk dir einen Wüstentag. Selbsterfahrung ohne Kurs und Honorar, Eschbach Verlag
- Rainer Kork/Lieselotte Bindels, Symbolgeschichten, Don Bosco Verlag
- Rainer Kork, Neue Symbolgeschichten. Mit Entspannungsübungen und Texten zum Meditieren, Don Bosco Verlag
- Werner Schaube, Unterwegs triffst du das Ziel. Ein Aufbruch-Lesebuch, Herder Verlag
- Hans und Marie-Therese Kuhn-Schädler, Vergiß das Träumen nicht. Texte für junge Menschen, Rex Verlag

Schöpfung / Natur

- Achim Schenk (Hg.), Sommerspiel. Reihe 8-14, Burckhardthaus-Laetare-Verlag
- Vreni und Bruno Dörig-Hug, Sommerzeit. Heiße Ideen für Kindergruppen, Eschbach Verlag

Spiel

- Ulrich Baer, 666 Spiele für jede Gruppe und für alle Situationen, Kallmeyer Verlag

- Ulrich Baer, Lernziel: Liebesfähigkeit – Spiele für Jugendliche und Erwachsene zu den Themen Sexualität, Partnerschaft, Mann und Frau, Remscheider Arbeitshilfen und Texte.
- Josef Broich, Rollenspiele mit Erwachsenen, Maternus-Verlag
- Andrew Fluegel, Die neuen Spiele, Band 1 und 2, Verlag an der Ruhr
- Lefevre/Strong, New games – Fallschirmspiele, Verlag an der Ruhr
- Dietmar Woesler, Spiele – Feste – Gruppenprogramme, Fischer-Verlag

Spielkarteien

- Baer, Berker, Brücken, Remscheider Spielkartei. 24 thematische Spielketten mit über 200 Spielen zum sozialen Lernen, Robin Hood Versand
- Gerhard Boese / Reiner Rosar, OOHO. . .Spiele und Übungen zum Thema Sexualität und Partnerschaft, Kalker Spielverlag und Kreisel-Verlag
- Jürgen Fritz, Mainzer Spielekartei, Matthias-Grünewald-Verlag

Tanz und Bewegung

- Ulrich Brand, Eutonie, Gräfe und Unzer Verlag
- Franz Mittermair, Körpererfahrung und Körperkontakt. Spiele, Übungen und Experimente für Gruppen, Einzelne und Paare, Kösel Verlag
- Heike Müller, Wenn die Körper sprechen lernen. Geschlechterrollen in Bewegung. Reihe 8-13, Burckhardthaus-Laetare-Verlag
- Kerstin Weiß, Füße im Wind – Bewegung mit Kindern, Reihe 8-13, Burckhardthaus-Laetare-Verlag
- Bernhard Weiser, Tänze für die Gruppe. 12 Gruppentänze mit Tanzbeschreibung, Arbeitsgemeinschaft für Gruppen-Beratung

Fachstellen für Freizeitarbeit
Zusammengeschlossen in der Bundesarbeitsgemeinschaft Katholischer Jugendferienwerke (BAG): Carl-Mosterts-Platz 1, 40477 Düsseldorf

- BDKJ-Jugendferienwerk
  Diözese Rottenburg-Stuttgart
  Antoniusstr. 3
  73249 Wernau
  Tel. 07153/3001-22
- INFAD – Internationaler Fahrten- und Austauschdienst Kehl
  Postfach 1668
  77676 Kehl/Rhein
  Tel. 07851/8076
- Kolping
  Jugendgemeinschaftsdienste Köln
  Kolpingplatz 5–11
  50667 Köln
  Tel. 0221/20701-115
- Katholisches Ferienwerk Köln
  Weißhausstr. 21a
  50939 Köln
  Tel. 0221/942006-0, Direktwahl: 0221/942006-32
  0221/942006-31
- Katholisches Ferienwerk Oberhausen
  Elsa-Brändström-Str. 11
  46045 Oberhausen
  Tel. 0208/859960, Direktwahl: 0208/85996-77
  0208/85996-78

Für Fortbildungsmaßnahmen im Bereich Freizeitleitung bitte bei diesen Stellen nachfragen. Die Bischöflichen Jugendämter der Diözesen sowie die Verbände im BDKJ bieten weitere Schulungen an. Bitte im Bistumsordinariat nachfragen.

Textnachweis

(Bei einigen Texten konnten wir keine Quellen bzw. Rechtsinhaber ausfindig machen. Für Hinweise sind Herausgeberin und Verlag dankbar.)

S. 71 Zamyat M. Klein, Die Ballonreise
© by the author

S. 77 Helmut Wöllenstein, Märchen vom Auszug aller »Ausländer«, aus: Katechetische Blätter 11/93
© by the author

S. 104 Jörg Zink, Die letzten Tage der Schöpfung, aus: Jörg Zink, Die Welt hat noch eine Zukunft
© by Kreuz Verlag, Stuttgart 1973

S. 113/114 Gebet/Schöpfungsbericht des Wassers, aus: Werkbrief für die Landjugend Nr. 64
© by Landjugendverlag, Bad Honnef-Rhöndorf

S. 121 Hanne Köhler, An deinem Brunnen, Gott – ein Wechselgesang
© by the author

S. 128 Erd-Meditation, aus: Kirche im ländlichen Raum 1/87, Werkstattbericht von Helmut Zorn, in: Werkbrief für die Landjugend Nr. 65
© by Landjugendverlag, Bad Honnef-Rhöndorf

S. 130/131 Das Testament der Erde / biographie eines ackers, aus: Werkbrief für die Landjugend Nr. 68
© by Landjugendverlag, Bad Honnef-Rhöndorf

S. 134 Kräuterweihe, aus: Hannes Schrüfer, Die Kräuterweihe – ein zeitgerechter Brauch
© by Landjugendverlag, Bad Honnef-Rhöndorf

S. 140/142 Texte/Luft, aus: Werkbrief für die Landjugend Nr. 75
© by Landjugendverlag, Bad Honnef-Rhöndorf

S. 147 Hilda-Maria Lander / Regina Zohner, Sonnenstrahlentanz, aus: Hilda-Maria Lander / Regina Zohner, Meditatives Tanzen
© by Kreuz Verlag, Stuttgart 1987

S. 176 Begreifen, aus: Hermann Josef Coenen, Meine Jakobsleiter. Meditationen
© by Patmos Verlag, Düsseldorf [3]1992

S. 183 Brot/Wein-Meditation, aus: Wilhelm Willms, der geerdete himmel (8.2, gekürzt, verändert in du-Form)
©by Verlag Butzon & Bercker, Kevelaer 1986

S. 200/201/203 Margarete Ester, Füße erwecken
Ich habe Stand / Sitzen
© by the author

S. 219 Seesturm-Erzählung, aus: Bibel-Werkbrief für die Landjugend 1982/83
© by Landjugendverlag, Bad Honnef-Rhöndorf

AutorInnen

Dieter Barth (1962)
Referent für Freizeiten und Erwachsene MitarbeiterInnen
Leiter des BDKJ-Jugendferienwerks der Diözese Rottenburg-Stuttgart

Martin Braun (1964)
Referent für Juniorenbildungsberatung im Bischöflichen Jugendamt
Freiberuflicher Tanzpädagoge

Ute Hienerwadel (1956)
Fachberaterin für Kindertagesstätten
Freiberufliche Tanzpädagogin

Reinhold Hübschle (1955)
Langjähriger Zeltlagerpfarrer und CAJ-Kaplan, jetzt Gemeindepfarrer

Jutta Schnitzler-Forster (1964)
Referentin im Referat Religiöse Bildung im BDKJ und Bischöflichen Jugendamt

Siegfried Welz-Hildebrand (1953)
Referent im Referat Aus- und Weiterbildung und Referat Religiöse Bildung im Bischöflichen Jugendamt

Josef Wiedersatz (1957)
Langjähriger Zeltlagerpfarrer und Jugendpfarrer im Dekanat Aalen/Neresheim

Christine Wittmann (1958)
Gemeindereferentin und Ehe-, Familien- und Lebensberaterin in der Diözese Regensburg